JN218983

やさしい経営学

【第5版】

金原達夫著

文眞堂

第5版の序

　経済のグローバル化や情報技術の発達によって，社会は大きく変わろうとしている。企業経営はその変化のただ中にある。大学教育も社会の動きに遅れまいと必死である。特に，実践の学問である経営学は，現実世界で意義ある役割を果たすために，理論内容の妥当性を確保することが絶えず求められている。

　そのため，経営学関連の教育では，知識を実践に近づける工夫が一段と行われるようになった。事例を用いた学習やPBL（問題解決型学習）を行い，疑似的な体験をして生きた知恵を学ぼうとしている。文部科学省はアクティブラーニングの普及に力を入れている。これらの学習方法が意図しているのは，単に知識を学習するのではなく，自ら考え解決する能力を養うことである。その時，学習した知識は応用できるようになり，生きた知恵になっていく。応用のきかない知識では，複雑で，多様な，変化している現実世界に立ち向かえない。

　社会もビジネスも未知の世界に向って激しく進んでいる。そこでわれわれに必要なのは，自ら考え，創造し，切り開いていく意志である。古くから先人たちは，「日々新た」であることを人生やビジネスの指針としてきた。「日々新た」とは，取り組むべき仕事に常に前向きに，創造的に取り組む生き方のことである。「日々新た」は，革新や自らの存在価値と結びついている。

　多くの理論を解説する入門テキストは，基本を学び，その知識がいかなるものか，どのように適用できるのか，いかなる制約があるのか，考えていく基礎的な材料を与えている。それは，単に知識学習でもOJT（仕事を通しての訓練）でもない，疑似体験をするすぐれた材料である。テキストは，多くの理論的な基礎知識を教えるが，現実の複雑さ，多様さに比べると抽象化

され一般化されている。理論は普遍性を追求し，現実世界の企業は特殊な個別解を必要としている。したがって，知識を活用し，生きた知恵を身につけていくためには，学習する側の姿勢が大切になる。理論的知識がどのような視点で得られたのか，どのような条件の下で有効なのか，考えるだけでも実践への重要な一歩である。すると，過去の様々な理論的知識の相互の接続が可能になったり，体系的な物の見方ができるようになるであろう。学ぶことは有限で自ら求めることは無限である，と言ったアスリートがいた。学習で大事なことは，そうした自ら求める姿勢である。

　それはたとえて言えば，地図に示された情報を理解するだけでなく，その情報から場所を想像し，そこへ移動する過程や時間，風景を思い描き，出会うであろう人たちやそこでの人々の生活ぶりに思いをはせることである。それが，地図を読むことの楽しさである。テキストもそのように読むことができれば，学習にも楽しさが増すであろう。そうした思考が，基本を学び，生きた知恵を獲得していく方法であり，実践での「日々新た」な取り組みにつながっていくはずである。

　今回の改訂は，前回の改定から一定の時間が経過したため，使いやすさを考えて一部のデータを更新するために行った。構成的に一つだけ大きく変更した点は，旧版の第6章を削除したことである。多くの大学で専門教育が2単位制になり，かつ多様な講義科目が整備されてきたため，第6章はそれらの専門科目に任せるのがよいと考えた。入門書として，できるだけ使いやすくコンパクトにして，全体の分量を減らし負担を軽くするようにした。

　すでに初版から20年近く経ちながら，本書がいまだにテキストとして使っていただけるのは，予想もしていないことであった。今回の改訂は内容を大きく変更したものではないが，使っていただく方々のご要望に少しでも応えることができれば大変嬉しい。最後に，改訂の機会をいただいた文眞堂の前野隆氏には厚くお礼申し上げたい。

　令和元年七月

著者

はしがき

　時代とともに市場環境や組織内部条件が変わり，経営上の課題を解決するために，新しい理論や手法が開発されてきた。多角化，コア・コンピテンス，製品ポートフォリオ・マネジメント，事業部制，持株会社，CIなど，多くの理論・手法が展開され，実施されてきた。

　それぞれの理論・手法には，それらが登場してくる時代の背景があり意味があった。そこで各理論を適切に位置づけることができるならば，多様な理論はより多くの知識のベースと思考経験をわれわれに与えてくれる。

　一般に，経営学における個々の理論は，それが絶対的に正しいとか間違っているとかいうことは少ない。むしろ，どのような条件の下で，どのような課題の解決に有効であるか示唆している。それぞれが，その時代の課題を解決するために，ある暗黙の前提の下で展開されている。

　多くの経営理論は，いわば，経営という現象のある断面図を示している。平面図もあれば側面図もあり正面図もある。見る位置により，時代背景があり，理論の前提がある。したがって，それらを客観的に評価し適切に位置づけることができるならば，われわれはより立体的に経営全体の構図を得るに違いない。その意味で，これまでの研究が解明してきたことを課題指向的に学習することは十分意義がある。

　社会の健全な発展や地球環境の保護を考えたとき，経営学入門のコースでは，企業は社会の中に存在しそのはたしている役割の大きいこと，また，期待される役割を担うことによって存在価値があることをまず説明すべきであろう。社会にとって価値ある事業のみが持続しうることを多くの人が認識するならば，社会は企業の健全な発展を促すことができる。

　その上で，入門コースでは，経営の全体像とそれぞれの課題に対する基本

的考え方および分析手法をわかりやすく解説することが求められる。もちろん，職業人として生涯に必要になる知識のすべてを，わずか2年間あるいは4年間の大学で教えることは不可能である。大学教育がそのように尊大な役割を担っているわけではない。まして入門コースで教えることができるのは，基礎的知識の一部である。

そのため，将来に状況が大きく変化したとしても，主体的に考え，課題を解決する姿勢を教えることが一層重要となる。本書の最後にビジネスプランを加えたのは，基礎的知識をベースにして主体的に取り組むよい練習問題になると思われるからである。

少子化による全入時代を迎えようとしている大学は，転換期にある。大学教育は，学生の知的好奇心と学習意欲を鼓舞することがますます強く求められている。その意味で，講義方法やテキストは，今後大いに改善されてゆくであろう。来たるべき社会の担い手を育てるためには，大学教育がはたす役割は大きい。大学が適切にその役割をはたすならば，社会は，将来おこりうる新たな課題に取り組み解決することができる。そのための思考訓練が，実践の学問としての性格をもつ経営学ではできるであろう。

本書は，経営学の基礎科目を履修する学生のための入門用テキストとして書かれている。大学1年生を対象にした授業で使用できることを念頭においている。本書のタイトルに，「やさしい経営学」とつけたのは，そのためである。特に入門的なコースでは，テキストは分かりやすくなければならないだろう。理解することができなくては，教育が成り立たないからである。

しかし同時に，テキストは知的好奇心を刺激する一定の内容を伝えるものでなければならない。加えて，現実の経済や経営は，実にダイナミックで刺激的である。そのことを感じとり，現実への関心と問題意識を育てることが求められる。

入門用テキストの執筆にあたって筆者が心がけたことは，専門用語をできるだけ分かりやすくすること，事例等による説明を多く加えること，全体構造を明確に説明することであった。これらの点に注意しながら記述をしたが，結果については読者の率直な批判を仰ぎたい。

本書を読まれた読者が，企業経営に強い関心と興味をいだいてくれるならば，筆者にとっては望外の喜びである。もちろん，教育効果を上げるには，講義の進め方や課題の与え方が，テキストの内容以上に重要である。本書では可能な限り事例を取り入れたけれども，さらに多くの事例が講義の中で取りあげられることが望まれる。また，講義の構成は，本書の構成にかかわらず柔軟にしていただく必要があると思っている。

　本書の内容については，峡山幸繁広島県立大学教授，玉井健一小樽商科大学助教授から多くの貴重なコメントをいただいた。記して感謝の意を表したい。また，本書の出版を引き受けていただいた文眞堂の前野隆氏には，大変お世話になった。心よりお礼を申し上げたい。

　　平成 12 年 7 月

　　　　　　　　　　　　　　　　　　　　　　　　西条キャンパスにて

　　　　　　　　　　　　　　　　　　　　　　　　金 原　達 夫

vii

目　次

第 5 版の序
はしがき

第 1 章　企業経営とは何か……………………………………………1

1.1　企業経営の課題…………………………………………………1

1.2　会社の成立………………………………………………………7

1.3　経営理論の発展…………………………………………………19

第 2 章　環境変化の展望……………………………………………22

2.1　企業の外部環境…………………………………………………22

2.2　産業構造の変化…………………………………………………24

2.3　人口構造の変化…………………………………………………27

2.4　経済の国際化……………………………………………………31

2.5　地球環境の保護…………………………………………………35

第 3 章　成長と競争の戦略…………………………………………42

3.1　市場経済の中の企業……………………………………………42

3.2　戦略論の展開……………………………………………………44

3.3　製品ライフサイクル……………………………………………51

3.4　成長戦略としての多角化………………………………………58

3.5　経験曲線…………………………………………………………68

3.6　プロダクト・ポートフォリオ・マネジメント………………75

3.7　競争戦略…………………………………………………………84

3.8　中小企業の成長と競争…………………………………………98

viii　　　　　　　　　　　　　目　　次

　　3.9　革新……………………………………………………………110
　　3.10　国際化する経営…………………………………………………114

第4章　組織の設計と管理……………………………………………117

　　4.1　組織とは何か………………………………………………………117
　　4.2　組織の中の人間モデル……………………………………………121
　　4.3　組織理論の発展と特徴……………………………………………123
　　4.4　組織設計の実際……………………………………………………147
　　4.5　組織文化の意味と革新……………………………………………159
　　4.6　企業組織の国際比較………………………………………………166
　　4.7　コーポレート・ガバナンス………………………………………177

第5章　モティベーションとリーダーシップ …………………185

　　5.1　モティベーション理論……………………………………………185
　　5.2　リーダーシップ理論………………………………………………200
　　5.3　参加とリーダーシップ……………………………………………211
　　5.4　経営者のリーダーシップ…………………………………………218

参考文献………………………………………………………………………221
索引……………………………………………………………………………224

第1章
企業経営とは何か

1.1 企業経営の課題

⑴ 企業は生きている

事業を営む目的で組織された企業は，生まれたり成長したり滅びていくという意味で社会の中で生きている。事実，毎年多くの企業が生まれ，その一方で多くの企業が倒産したり廃業している。

市場経済の中で事業を行っている企業は，社会に価値ある製品・サービスを効率的に提供することによってはじめて存続することができる。価値ある製品・サービスとは，社会にとって有用で人々の生活に役立つものである。それは，節約をもたらしたり，新しい機能を提供したり，すぐれた品質であったり，安心を与えたり，生活を豊かにするものである。

もし社会に対し価値ある製品・サービスを提供することができなければ，企業は事業を続けることができないであろう。ところが，市場が求める製品・サービスは，経済社会の諸条件が変化することによって変わっていく。事業を続けるためには，企業は環境条件の変化に対応して他の企業と競争しながら新しい製品・サービスを開発しなければならない。

価値ある製品・サービスを開発するためには，人々は協働し，組織としての能力を高めることが必要である。なぜなら新しい製品やサービスは，新しい経営資源や技術の獲得，あるいは事業の仕組みをつくることによって実現するからである。そこで多数の人々から構成される組織として，効率的に仕事を行う組織づくりや，人々の能力や協働意欲を高めることが行われる。こうして企業は，事業を行うために少なくとも次の課題に取り組むことになる。

第1に，企業にとって市場という環境の中にある事業機会をとらえることである。市場あるいは消費者のニーズをとらえ，そのニーズを満たすように企業は事業を行うのである。

市場が求める製品・サービスを生産し販売することは，現在および将来の市場ニーズや技術革新を見すえた開発にもとづいて行われる。例えば，新車の開発は販売を始める約4年前には着手されてきた。医薬品の開発には，抗ガン剤のように10年以上かかることも珍しくない。他方で，ファッション衣料や玩具のように，毎年流行が変わる商品もある。遠い将来のニーズや毎年変わるニーズを的確に予測することや，ニーズにマッチした新製品やすぐれた新技術を開発することは，どちらも容易なことではない。

どの企業も，よく売れる製品やサービスを効率よく生産し提供しようとしている。しかし，なかなかその通りにはいかないのが普通である。製品が大量に売れ残ったり，赤字を出す企業もある。市場ニーズの予測が正確でなかったり，市場で競争が行われているためである。技術革新，新しい競合製品の出現，為替レートの急激な変動などは，生産計画を狂わせ，価格競争力を失わせてしまうことがある。それでも，企業は環境要因を読み，できるだけ市場ニーズにあった計画を立て，自らリスクを負担しながら事業を展開しなければならない。

市場などの外部環境にかかわって事業目標，事業展開の方法，競争の方法などを決めることが，政策あるいは戦略の問題である。事業の目標や方向が決まらなければ，企業の活動は意味のない動きになってしまう。そのため，市場変化が大きくなるほど戦略を考えることが必要になる。

事業目標や進むべき方向の選択は，経営者の理念や生き方が強く影響している。事業目標や進むべき方向は外から与えられるものではなく，組織の保有する経営資源，経営者の理念とリーダーシップに大きく依存している。どのような事業目標をかかげて事業を展開するかは，個々に条件が違うから企業によって異なっている。

第2に，選択した事業目標や戦略を実行する組織をつくることが必要である。歴史的には，会社制度の工夫があったり，職能別組織，事業部制組織，

カンパニー制，フランチャイズ組織などの組織形態が工夫されてきた。

　今日の企業が直面している大きな課題は，いかにして製品・サービスを提供する有効な仕組みをつくるかである。製品・サービスにより大きな価値をつけて提供するためには，これまでとは違った事業の仕組みをつくるとか，これまでよりも効率的な事業の仕組みをつくることが必要である。

　効率的な生産や販売のシステム，売上情報を把握し分析するための情報システム，在庫管理を合理的にするための在庫管理システム，物流を効率的にするための物流システムなどが構築される。例えば，運送会社は宅配便システムをつくってきた。コンビニエンスストアでは精緻な商品管理システムをつくり，在庫を減らしムダをなくす努力をしてきた。メーカーは生産コスト低減を実現する世界的な分業体制を構築しようとしている。あるいは，効率のよい生産管理システムをつくっている。サービス業ではインターネットを使った取引が工夫されてきた。このように競争の中で新しい事業の仕組みが考え出されている。

　企業組織は，分業された複雑な業務活動が調整されたとき，全体としてまとまりのある有効なシステムとして機能することができる。つまり，製品・サービスを効率的に生産し提供するためには，細分化された仕事が個々の部門内部でも調整されなければならないし，部門間でも調整されなければならない。

　例えば，自動車の開発には，2万点から3万点に達する部品がすべて調整されていなければ，部品がばらばらな自動車になるであろう。おそらくそれは自動車とはいえないだろう。また，製造，販売，財務，人事，物流，購買，技術開発などか調整されまとめられなければ，個々の業務活動がバラバラで効率の悪いものになってしまう。

　さらに，企業の活動は，外部の原材料・部品の供給業者および購買業者との調整を必要としている。自動車の部品企業が，決められた時間に決められた数量の部品を完成車メーカーに納入することによって完成車メーカーの組立工程は効率的に動いている。小売店では，品切れを起こさないように，商品が売れ残ったり在庫が増えすぎないように仕入れを工夫している。このよ

うに企業内外の関連する活動を調整して全体として効率よく機能する事業の仕組みをつくることが，顧客ニーズに応えるために行われている。

　第3に，個々の従業員の仕事意欲を高めるように働きかける必要がある。従業員の仕事意欲を高めるには，まず仕事の目的や意義を訴え，それが価値あるものであることを理解してもらうことが必要である。そして，仕事の努力が報酬に結びつくように仕事環境を整える。また，従業員の心理的側面に気を配りながら動機づけを行うことが大切である。仕事意欲が高まれば，従業員はその能力を高めるように努力するであろう。従業員の仕事意欲を高め能力を向上させることが，結局，組織としての能力を高めることになる。

事例：本田技研工業の基本方針

　　本田技研工業の創業者で，同社を世界のホンダにした本田宗一郎は，「わが社の運営の基本方針」として次のことをかかげている。

① 人間完成の場たらしめること
② 視野を世界に拡げること
③ 理論尊重の上に立つこと
④ 完全な調和と律動の中で生産すること
⑤ 仕事と生産を優先すること
⑥ つねに正義を味方とすること

（出所）本田技研工業株式会社『社史』昭和30年。

　この基本方針には，社会の中に生きている企業が，社会的に価値ある活動を行って，外部環境に適応すること，調和のとれた組織をつくること，人間を尊重しその成長の場であること，などの企業経営の中心課題が簡潔に述べられている。

　企業でもスポーツチームでも，適切な作戦（あるいは戦略）と効率的な組織編成とすぐれた個人能力は，どれも欠かすことができないものである。作戦が悪ければ，いかに組織の統制がとれ個人能力が高くても十分によい成果はあげられない。また，作戦がよくても個人能力が低かったり，組織のまとまりが悪ければよい成果はあげられない。

　個々の選手の能力を引きあげ，良い作戦を立ててチームプレーを行わなければ，サッカーや野球のような集団競技では勝つことができないだろう。こ

のことは，企業経営にもよく当てはまる。1人ひとりの従業員の仕事意欲と能力を引き出し，個々の活動を全体としてまとめ，目標の達成に向けていくことが成果をあげるためには不可欠である。しかしながら企業経営は競技に比べるともっと複雑である。大企業ともなると数万人の従業員をかかえながら，数千点あるいは数万点の製品を製造・販売したり，世界的規模で事業を行っているからである。

⑵ 企業経営の体系

経営とは何かについて，本書では組織を管理運営することであるという意味で使うことにしよう。少していねいにいえば，経営とは，一定の目的を達成するために多数の人が集まってつくる組織を管理運営することである。本書ではこのゆるやかな定義を用い，その上で，現実の企業行動を具体的に検討しながら経営とは何か理解することにしよう。

これまで経営学は，企業を主な研究対象としてきた。それは，19世紀末から20世紀初めにかけ大規模化した企業の研究から始まった。しかし今日では，企業に限らず，行政，病院，学校その他の組織にも経営の問題が重要になりつつある。企業を主な分析対象として発展してきた経営理論が，それらに適用される可能性は十分ある。すでに一部ではその適用が行われている。

経営学は，環境，戦略，組織，個人，経営成果を主な分析次元として多くの研究成果を蓄積してきた。そして戦略論，組織論，動機づけ理論などが展開され経営学の主要領域になっている。そこで，企業経営の課題については，大きく「戦略を立てる」「組織をつくる」「人を動かす」の3つに分けることができる（坂下昭宣）。

本書では，この3つの課題を基本に，それに「環境変化を読む」の次元を加えて経営を考えることにしよう。そして，できるだけ体系的に経営の基本を分かりやすく考えることにする。本書の分析枠組みは，図1-1で示されている。

企業経営とは何かについて本章で概説し，続いて，環境変化を読むに関しては，第2章で企業が直面する長期的，根本的な一般環境要因を取りあげ，

産業構造，人口構造，国際化，環境保護について説明している。競争要因や市場などの特定の環境については，第3章で戦略との関連で述べている。戦略論では，戦略に環境分析を含むのが普通であるが，重要な一般環境について第2章で特に説明することにした。

　戦略を立てるに関しては，第3章で製品ライフサイクル，多角化，PPM，経験曲線，競争戦略，革新などが取りあげられる。続いて，組織をつくるに関しては，第4章で組織の概念と人間モデル，組織形態の基本型，官僚制組織，状況適合理論，組織文化，日本企業の組織の特質，企業統治などを説明している。

　次に，人を動かすに関しては，第5章で動機づけ（モティベーション）とリーダーシップを中心に展開している。動機づけでは，欲求階層説，X理論・Y理論，期待理論などを取りあげ，リーダーシップではPM理論や状況理論を取りあげている。

　企業経営は，特定の環境条件の中で異なる次元の諸活動から構成されるシステムとしてとらえられる。ここでシステムとは，個々の構成要素が結びつけられ全体としてまとまって機能する体系のことである。システムの個々の構成要素はまったく独立であることはありえず，お互いに結びついて存在し有機的な相互依存の関係にある。システムでは，ある構成要素が変化すると，それは他の構成要素に強くあるいはゆるやかに影響を与える。企業では，個々の活動が全体として調整されてはじめて製品やサービスを供給することができる。したがって，企業経営は，個々の活動を統合的にしかも動態

図1-1　企業経営の課題

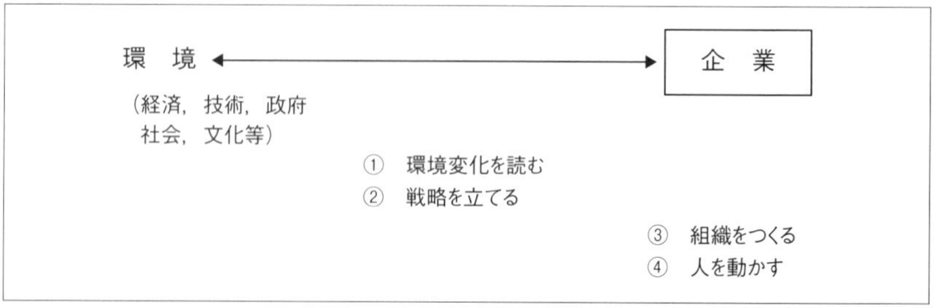

的にとらえることが求められる。

　以上のように本書では，企業経営を上記の側面に分け，それぞれの側面は
どんな原理にもとづいているのか，できるだけ体系的に，そしてわかりやす
く説明しようとしている。

　そこで，企業経営に関して人々はどのように取り組んできたのか，まず企
業という制度はいかなるもので，いかに発展してきたのか，企業の成立から
説明することにしよう。

1.2　会社の成立

⑴　会社の歴史

　企業経営は，企業という組織体があってはじめて行われる。したがって企
業経営を理解するためには，はじめに企業とは何かその基本的な性質を知っ
ておくことが必要である。一般には，企業とは営利活動を営む資本の機能す
る単位である，といわれる。商法に定められた会社には，このような意味が
ある。

　しかし経営学では，商法に定められた会社だけでなく，公共性を事業の目
的にかかげながら鉄道，通信，航空などの分野で経済活動を行う公企業も企
業に含めるのが普通である。そこで本書では，公共性を追求する公企業も含
めるように，企業とは経済活動を行う資本の単位である，と定義しておこう。

　企業は，特に株式会社の発達によって，社会的に重要な存在になってき
た。株式会社の起源は古く，すでに 17 世紀はじめに最初の株式会社が成立
した。イギリス東インド会社，オランダ東インド会社がそれぞれ 1600 年，
1602 年に設立されている。これらの株式会社は，国王から特許状をもらっ
て植民地との貿易を独占的に行うことを事業としていた。

　株式会社の成立に先立って，株式会社にいたる 2 つの会社形態，すなわち
合名会社と合資会社の，その原型とみなされる組織が，10, 11 世紀頃には中
世ヨーロッパの商業都市で成立している。出資者による共同事業としてのソ

図 1-2　会社形態の発展

合名会社 ----------➤ 合資会社 ----------➤ 株式会社

キエタス（societas）と呼ばれる組織と，出資者が事業主と委託契約関係を
結ぶコンメンダ（commenda）という組織がそれである。

　ソキエタスは，結合の意味で，出資者が出資するだけでなく共同で事業運
営を行い，事業から発生する負債に対しては無限責任を負うものである。こ
の出資者を機能資本家と呼んでいる。そこには出資者の共同事業的な結合関
係が見られ，合名会社の起源をなしている。

　これに対しコンメンダは，委託の意味で，経営には加わらない持分資本の
発生を意味している。持分とは，出資の割合のことである。持分資本家とい
うときは，単に出資をし利益の分配にあずかるのみで経営機能をもたず，出
資額を限度とする有限責任を負っている出資者を意味している。

　中世のヨーロッパでは，貴族，教会，領主などが持分資本の提供者であっ
た。コンメンダは，経営には加わらない有限責任の持分資本を生み，ソキエ
タスと結合して合資会社の起源をなしている。こうして生まれる2つの会社
形態をもとに，資本集中の方法として，17世紀初めに株式会社が成立する
のである。

　株式会社の起源はこのように古いものであるが，株式会社の定着はずっと
後のことである。18世紀にイギリスで始まった産業革命を契機に，工場制
度が発達した。その後，投機ブームにのって多くの株式会社が設立され，そ
して消えていく時期があった。続いて，鉄道の発達が他の産業企業の事業活
動を刺激した。19世紀半ば頃から，イギリス，ドイツ，アメリカで鉄道が
本格的に普及し，市場の拡大がもたらされ株式会社組織の発達を促した。

　日本では，江戸時代にはすでに西陣織物業などで家内工業の発達があり，
商業の中心であった大坂（現在の大阪）には1715年に5600軒の問屋が存在
していたといわれている。しかし，会社組織が生まれるのは明治になってか
らである。1872年に制定された国立銀行条例によって成立した第一国立銀
行（1873）が，わが国で最初の株式会社といわれている。1880年代末には

株式会社の設立が急増する一方で，官営工場の多くが払い下げられ，民間企業による工業生産が急速に広まっている。

　米国では 1880 年代にアメリカ機械技師協会による能率向上運動が行われ，科学的管理法の発展の基礎をつくってきた。1908 年になると，フォード社でＴ型自動車の生産が始まり，大規模組織の経営が理論的にも実践的にも重要な問題となった。こうした産業の発達を背景に，20 世紀初頭に経営学の理論が登場している。経営学は，生産効率をあげるべく工場内の分業や調整を設計する工場管理から始まったのである。

歴史：株式会社の発達

1600 年	イギリス東インド会社設立
1602 年	オランダ東インド会社設立
1855 年	イギリス「有限責任法」制定
1867 年	フランス「会社法」制定
1872 年	国立銀行条例制定
1873 年	第一国立銀行（わが国最初の株式会社）設立
1884 年	ドイツ「第二株式会社法」制定
1899 年	商法施行，準則主義の採用
1938 年	有限会社法制定（1940 年施行）
1947 年	独占禁止法制定
1997 年	純粋持株会社解禁
2005 年	新会社法制定（2006 年施行）

---

(2)　企業の種類

　企業というと株式会社を思い浮かべる場合が多いであろう。それほどに現代社会では，株式会社が経済の中心になっている。したがって企業というときに株式会社を考えるのは自然である。しかし企業は，先にも述べたように株式会社に限られているのではない。合名会社，合資会社などが存在している。また，国有企業とか個人企業という言葉もよく使われている。歴史的には，個人企業から始まって株式会社形態まで発達してきた。そこで，経済活動を営む資本の単位である企業には一体どんな種類があるのか，その特徴は

何か，説明することにしよう。

　企業の種類のことを企業形態と呼んでいる。少し詳しくいえば，「企業資本の出資と，それにともなって生ずる出資者の責任形態の関係から企業には各種の形態が考えられる。これを一般に企業形態という」（古川栄一）のである。企業形態は，大きく公企業と私企業と公私混合企業の3つに分類することができる。

　まず，公企業とは，所有と支配の主体が国または地方公共団体である企業のことである。つまり，公企業は，国あるいは地方公共団体が出資を行って，公共性を追求しながら事業を行う企業である。公共性が高い事業であったり民間企業では負担が大きすぎる事業を，国や地方公共団体が公企業として運営するのである。

　公企業には，国営企業や地方公営企業があり，公社，公団による事業，バス事業，観光事業などが含まれ，身近なところで利用されている事業が多い。公企業に何が含まれるかは，国によって経済の発展段階によって相当違っている。

　例えば，石炭事業はイギリスでは国有企業によって，日本では民間企業によって行われた。電信電話，タバコ，鉄道，航空などの事業について，ある国では民間企業であり，別の国では公企業である。また，鉄道や航空のように一つの国の中で，一部は公企業，一部は私企業が存在する場合もある。公企業については，1980年代から先進各国で効率化の追求と競争を促進するために民営化政策が打ち出されている。わが国でも，日本電信電話公社（1985），日本専売公社（1985），日本国有鉄道（1987）の民営化が行われた。2000年代に入ってからは，行政改革のかけ声の下で，公企業の統廃合および民営化が行われ，企業数も役割も著しく低下した。

　次に，私企業とは，民間の出資により民間の経営支配が行われる企業のことである。つまり，私企業の「私」とは，個人という意味ではなく，民間という意味である。私企業は，さらに個人企業と会社と各種組合に分けられる。

　続いて，公私混合企業は，公的資本と民間資本の結合によってつくられる公的支配の強い企業である。いわゆる第三セクターと呼ばれる事業には，公

1.2 会社の成立

表 1-1 会社形態の比較

	合名会社	合資会社	合同会社	株式会社
責任形態	無限責任	無限責任と有限責任	有限責任	有限責任
出資者数	少人数	少人数	少人数	無制限

私混合企業として経済活動を行うものがある。

　以下では，わが国の経済の中心にあって様々な事業を行う私企業について
さらに詳しく説明しよう。まず個人企業は，企業資本の出資を個人で行い，
経営の責任を単独で引き受ける企業形態である。会社組織でない個人商店
は，個人企業の例である。個人企業は，経営者と所有者が一致しているのが
普通で，経営に自由があり弾力性がある一方で，労働力，資本とも限られる
ので事業の範囲が狭くなる。

　続いて，一般にいう会社の種類として，改正前の会社法では，合名会社，
合資会社，有限会社，株式会社の4つの形態がある。しかし，2006年施行
の新会社法では，合名会社，合資会社，合同会社，株式会社の4形態に分け
られている。

　第1に合名会社は，資本の提供者である出資者全員が無限責任を負って共
同して経営に従事する会社形態をいう。無限責任とは，事業から生ずる債務
について，出資者がその出資額を超えて，連帯してその債務の返済責任を負
うことを意味している。

　このことは，事業に失敗し会社資産では債務を返済できないときには，個
人の家や土地を売却してでも出資者はその債務を返済しなければならないと
いうことである。そのため出資者は，無限責任によって生ずる事業のリスク
を小さくするために，親，兄弟のような血縁関係で結ばれた狭い範囲の少人
数に出資者を限定しようとする。つまり，合名会社はリスクの小さな事業に
なりがちである。合名会社にはこのように無限責任のリスクがあるため，出
資持分の譲渡については出資者全員の同意を必要としている。

　第2に，合資会社は，無限責任を負って出資機能と経営機能を担当する企
業者資本と，有限責任を負って出資機能のみを担当する持分資本の2種類の

資本が結合する企業形態である。つまり，資本を出して経営に加わる無限責任の出資者と，資本を出しても事業の経営には参加しない有限責任の出資者の2種類が存在するのである。

こうして合資会社では出資者の範囲を有限責任の出資者にまで広げることができるが，経営機能を担当する出資者には依然として無限責任のリスクがあるために，事業規模の拡大にはなお慎重にならざるを得ない。そのため，持分の譲渡には無限責任の出資者全員の同意が必要である。こうした理由から，合資会社の事業拡大には制約があり，出資者は少人数にとどまるのが普通である。

第3に，新会社法で設けられた種類として合同会社がある。株式会社と同様に，合同会社では全ての出資者が有限責任である。合同会社は，共同事業を運営することを想定した会社形態で所有と経営が一致している。合同会社は内部的には協同組合，外部的には有限責任の特徴を備えている。設立が簡単であり，財務情報公開の義務がないため，設立が増えている。合名会社，合資会社と同様に，他の出資者の全員の承認がなければ，その持分を他人に譲渡することができない。合同会社とは言いながら，1人でも設立することができる。

第4に，株式会社は，出資者が経営にかかわることを必要とせず，全出資者が事業のリスクに対して有限責任を負い，出資者数に制限がない企業形態である。全出資者が有限責任であると同時に，資本の証券化が行われ株式を公開すると，市場で売買され流通するようになる。そして株主総会や取締役会，監査役という会社機関が分化し成立している。

法律的には，1899年（明治32年）施行の商法で，合名会社，合資会社，株式会社が定められている。この法律で準則主義が採用され，近代的な会社制度が法的に整備された。準則主義は，定められた条件を満たせば誰でも会社を設立できるようにするもので，特許状をもらってはじめて事業が許可される場合に比べ，経済活動は大幅に自由になる。

準則主義にもとづく近代的株式会社法は，イギリスで1855年の「有限会社法」，フランスで1867年の「会社法」，ドイツでは1884年の「第二株式会

社法」の制定によって整備されたと考えられている。

　この他，わが国の有限会社は有限会社法（昭和 15 年施行）で定められ，生命保険会社に見られる相互会社は相互保険法で，協同組合は各種協同組合法に定められている。2005 年から有限会社法はなくなり，商法第 2 編，商法特例法とあわせて新会社法に一本化されている。

　企業の種類別にその企業数を見ると，1996 年にわが国には約 243 万の法人企業があり，その形態の内訳は，株式会社 45.2%，有限会社 52.2%でこの両者で大部分を占めている。新会社法によって有限会社は法律上は株式会社とされ，従来の有限会社は特例有限会社として存在することができる。さかのぼって，1900 年（明治 33 年）の会社数はどれくらいあったかというと，株式会社 4245 社，合資会社 3560 社，合名会社 784 社があった（安藤良雄編）。明治の後半には，相当の数の会社組織が設立されていることがわかる。会社制度は明治時代に急速に普及したのである。

(3)　株式会社の基本的特質

　企業の種類の中で株式会社は，「会社企業の最高の形態である」（大塚久雄）と呼ばれるほどに発達し，社会的に大きな存在となっている。今日の経済の中心にあって経済を動かしているのは，株式会社である。株式会社がなぜすぐれているかというと，それは株式にかかわっている。株式とは，資本の出資者が会社に対してもつ権利と義務の総称である。株式会社には，株式を発行することによって資本を集め，事業規模を拡大していく道が開かれる。この株式にかかわって株式会社の特徴が現れる。

　株式会社の基本的な特質は，①全出資者の有限責任制，②資本の証券化と譲渡可能性，③会社機関の成立の 3 つである。これらがあってはじめて株式会社として機能するため，この 3 つが近代的株式会社の成立にかかわる基本的特質である（法律上の設立要件は別に定められている）。

　第 1 の全出資者の有限責任制とは，すべての出資者が会社のリスクに対して有限責任を負うことである。有限責任の意味は，会社のリスクに対し出資者は出資額を限度とする責任を負担することである。例をあげて説明する

> **株式会社の基本的特質**
> ① 全出資者の有限責任制
> ② 資本の証券化と譲渡可能性
> ③ 会社機関の成立

と，ソニーの株式を購入してソニーの株主になった投資家は，投資した金額を限度としてソニーの事業リスクに対して出資者としての責任を負担している。そこでは，出資者は投資額以上のリスク負担および責任は求められない。その意味で，責任は有限である。

　有限責任制は，会社の信用と出資者の信用を切り離し，会社の信用を出資者の個人的信用に求めないということを意味している。会社の信用は，出資された資本にもとづくのである（もっとも，中小企業による銀行からの借り入れには経営者個人の信用を担保にすることが普通で，それについて経営者は全額返済義務を負っている）。

　つまり，有限責任制は，出資者（株主）のリスク負担を軽くし，出資しやすくする制度なのである。投資家にとっては，リスク負担の限度が明確でリスクを判断しながら投資できるので投資しやすくなる。こうして資本を集め，結果として，大規模なあるいは不確実性の高い事業も株式会社では行うことができる。

　第2の資本の証券化と譲渡可能性は，資本を均一の小口証券に分割し出資額に応じてそれに相当する株式証券と交換すること，そしてその証券の譲渡を自由にすることである。それは，有限責任制とあいまって資本を集めやすくしている。戦後に発行された株式は，1株50円あるいは500円額面が大部分を占めている。ところが，新会社法では株主に対して株券を発行しなくてもよいようになっている。あわせて額面株式も廃止されている。

　合名会社や合資会社では，持分の譲渡には無限責任の出資者全員の同意を必要としていたのに比べ，株式を公開した株式会社ではこの点がまったく自由になっている。

　こうして，株式会社では資本を小口の株式に分割することによって，広い

範囲から出資を募ることができる。個人は，小口に分割された株式を証券会社を通して証券取引所で購入することができる。株式の流動性を高め，出資者のニーズに応えることができるのである。

他方で，株式を自由に流通させながら，その売買による出資者の出入りに関係なく，株式会社は安定した資本を確保し永続性をもつことができるようになった。

一般に，個人の資金は小口で，短期間に他に移したり現金化することを求める高い流動性選好があり，利子を要求する性質がある。これに対し，企業が必要とする資本は大口で，長期固定的であり，利益は不確定である。したがって両者の要求は対立的である。資本の証券化は，小口の出資者の要請と，大量の資本を必要とする企業の要請を調整する仕組みとして工夫されてきたのである（図1-3）。

法律的には資本を提供する出資者は株式会社の所有者とみなされ，拠出された資本は会社にとって自己資本である。出資者から集められた資本は，返還期限のない事業資本として長期に固定的に使われる。普通，出資した資本に対しては配当が支払われる。利益がないときには配当は行われず，企業にとっては負担の少ない自由に使える資本となる。出資された資本は，資本金となって事業の基礎となる。

株式会社にいたる会社形態の発達は，資本集中の仕組みの発達であり，資本規模拡大を通して社会の要請に応えるところにあった。より大きな資本を集めることによって市場における競争に対処し，より高度な製品・サービスを開発したり，大規模生産によってコストを下げ低価格で人々に製品・サー

図1-3 株式会社における資本集中の仕組み

ビスを届けることができるのである。

　ちなみに，わが国の会社の例では，1998年3月現在，新日本製鉄（現 日本製鉄）の資本金は4195億円で，その株主数は約45万人である。同じく日立製作所の資本金は2817億円で，株主数は約28万人である。これに対し，1997年末のIBMの資本金は86億ドル，株主数は62万人を超えている。これらを見ても，今日の企業がいかに大量の資本を多数の人から集めているかわかるであろう。

　このように株式会社では多数の出資者から，一部は銀行・年金基金等を経て，資本が集められる。その結果，会社規模が大きくなると出資が多くの株主に分散し，多数の株主は経営に関与せず，配当や株式の値上がりを期待するだけの存在になる。出資する者と経営する者が一致しなくなっている。こうして，出資機能と経営機能が分離することを「所有と経営の分離」といい，大規模な株式会社の特徴となっている。

　株式を証券取引所に上場する株式公開を契機に，創業者とかオーナー経営者の所有比率は次第に低下するようになる。一般投資家からの出資分が加わるからである。それでも株式公開直後は，まだ実質的に創業者やオーナー経営者がいて，経営の支配権を保持する場合が多い。1997年の独占禁止法改正により純粋持株会社が解禁されたことも，所有による支配を強めている。

　第3に，会社機関が成立することによって，永続的な企業組織として事業を行うことができるようになる。その意味で，会社機関が成立することは，株式会社の存在にとって重要なことである。

　会社機関は，株式会社の発生史においては，取締役会，監査役，株主総会を指している。株主総会は出資者の集まる場である。出資者は法律的には会社所有者であるため，株式会社における最高の意思決定機関は株主総会である。これに対し，取締役会は，株主の委託を受けて業務執行の基本的意思決定を行う機関である。

　出資者である株主は，直接事業の運営に加わることを必要とせず，取締役会に委託し，取締役会は執行上の意思決定機能をもちながら，経営者を選任し業務の執行を委託する。そして，監査役は，業務活動の監査機能を受けも

つのである。経営者は，直接的には取締役会，間接的には株主総会から委託
されて日常の業務を遂行する責任を負っている。

解説：株式会社設立の法律的手続き

　　株式会社の設立には，次の手続きが必要である。①株式会社の設
立企画者である発起人（1名以上）の確定，②会社の根本規則であ
る定款の作成，③出資金の提供者の範囲とその出資金額の確定，④
会社活動の基礎となる取締役の選任，⑤会社設立の登記申請であ
る。
　　そして定款には，会社の事業目的，商号（法律上の会社の名前），
本店の所在地，設立に際して出資される財産の価額，発起人の氏名
と住所，を記載する。
　　これらの設立手続きを終えて，株式会社は法律的に設立される。

　株式会社制度の利点は，第1に，出資者のリスク負担を減らすことができ
る有限責任制を導入することによって，多くの人から資本を集めることがで
きることである。第2に，資本増加は，大量の労働力やすぐれた人材を多く
雇用することができ，より大きな事業を行なって社会のニーズに応えること
ができるようになる。第3に，規模拡大によって競争上の優位性を獲得する
ことができることである。
　こうして株式会社は資本を集中しつつ，雇用をつくりだし，社会に役立つ
製品やサービスを開発し供給している。現代の株式会社は，高度化する社会
のニーズに応えながら，製品やサービスを供給するという基本的役割を有し
ている。それに加えて，雇用をつくりだし人々に所得と豊かさをもたらすと

表1-2　会社規模の例

	新日本製鉄	日立製作所	トヨタ自動車	ソニー	IBM
売上高(億円)	22,050	40,780	77,694	24,064	785 億ドル
資本金(億円)	4,195	2,817	3,969	4,061	86 億ドル
従業員数(人)	22,560	70,375	69,753	21,559	269,465
株主数(人)	455,613	285,365	60,395	126,024	622,092

（注）　数字は1998年3月，IBMは1997年12月現在。
（出所）　『有価証券報告書総覧』より作成。

いう役割もはたしているのである。

　しかし他方で，企業規模が大きくなることによって問題も起こる。第1に，規模が大きくなりすぎて，社会の中で過大な影響力あるいは支配力をもつようになる。企業が市場の支配を強めたり政治的に大きな影響力をもつようになることである。第2に，多くの人から出資を募る際に，経営者や企業と一般投資家（株主）の間に情報の格差が生まれ，投資家の利益が軽視される恐れがあることである。一般投資家から資本を集めるということは，投資家に誤った情報を与えないように適切な情報開示（ディスクロージャーという）が必要で，投資家や社会による適切な経営の監視が求められる。第3に，企業と従業員の間の力関係にバランスを欠きやすいことである。突然の解雇や転勤は，従業員の生活に大きな負担をかけることになりやすい。

　今日の社会の物質的豊かさは，企業活動によってもたらされている。また企業は雇用をつくり，所得を得る機会をもたらしている。その事業活動を通して，企業は社会の発展に大きな役割をはたすことができる。したがって，健全な社会経済システムを形成するには，社会による適切な企業統制あるいは企業統治（コーポレート・ガバナンスという）が必要になるのである。

　企業統治は，それぞれの国の社会的要因によって影響され，各国の統治方法には多様性がある。グローバル化が世界的な標準化を求める中で，株主が支配の中心にいる米国式の統治方法が影響力を強めている。

　しかも大きな社会的存在となった企業には，それに相応する社会的責任が生まれる。消費者に安全な価値ある製品・サービスを提供するという本来の役割の他に，社会の一員としての責任が生まれる。具体的には，投資家に対しては適切な情報を開示し，従業員に対しては雇用の安定を確保し，地域社会には健全で安全な環境の保持について責任が生まれるのである。特に，事業活動にともなう行為について，社会のルールにしたがう社会的責任が求められている。さらに，生産活動によって地球環境悪化の大きな原因を作っている企業は，温暖化防止やリサイクルへの取り組みによって地球環境の保全に積極的な役割を果たさなければならない。企業は，営利性を追求していると同時に，社会性も求められているのである。

1.3 経営理論の発展

(1) 経営理論と実践の関係

　企業経営の理論は，企業経営の実践を観察し，観察で得た知識をもとに経営はいかなる原理あるいは法則によって行われているか説明しようとしている。理論は，実践（現実世界）の中にある法則性を発見することによって実践の論理を明確にし，一貫性のある説明を与える。こうして体系化された理論は，現実の企業経営に適用され指針を与えるものとなる。それゆえ，理論を学ぶことは，論理的な考えを学習し，有効な政策や行動を選択するために役立つのである。

　ニュートンがリンゴの実が木から落ちるのを見て万有引力の法則を発見する以前に，人々はリンゴが木から落ちることを経験的に知っていた。しかし，なぜ落ちるのか，どのような法則によって落ちるのか科学的な説明はできなかった。ニュートンはそこに法則を発見し，リンゴが落ちるという現象を科学的に解明して人々に説明することができた。その発見によって他の様々な現象を科学的に説明したり予測できるようになった。経営学の理論と実践もそれに似た関係であり，図1-4のように互いに作用し合うのである。

　理論は，現実世界に含まれる論理構造を明確にすることによって，まだ説明されていなかった現実を体系的に説明し，さらには予測をする。複雑な現実の代わりに，論理構造を明確にし法則的な動きを簡潔にとらえることで現実を分かりやすくするのである。

　理論は現実世界をとらえる思考体系であり，単純化が行われ不確実な部分

図 1-4　理論と実践の関係

が含まれている。前提としていた条件が何らかの要因のはたらきで変わったり，あるいは違った意味が含まれていたりするため，その妥当性が失われたりする。そのため，理論の妥当性を確かめる作業が歴史的に繰り返される。普遍的に妥当すると思われたニュートンの法則は，その後，アインシュタインが相対性理論を発表するとその普遍的妥当性が否定され，特定の条件のもとでのみ成り立つ法則として修正されることになった。

これと同じように，現実世界の経営が発展したり変化すると，経営理論も新たな展開をする。例えば，世界経済の構造変化や技術革新は新しい経営環境をつくりだし，経営戦略や経営組織の革新を迫ったりする。それにともなって，企業経営を説明する経営理論も新しい条件が加わり内容的に発展する。このように，理論は現実世界との相互作用の中で発展している。

歴史的に見ると，鉄道をはじめとして大規模な企業組織は19世紀中頃に出現し，組織運営の問題が生じていた。この頃から職能別に部門化された組織が工夫されている。ドイツでは18世紀に経営学の源流をなす商業学が生まれている。そして最初の経営理論が体系化され成立するのは20世紀初頭のアメリカであった。それ以来，多くの理論が生まれ，実践的な施策が展開されてきた。次に経営理論の発展について簡単に検討しておこう。

(2) 経営理論の発展

企業は，事業を行うために様々な管理手法や制度を発達させてきた。多様な経営問題がある中で，経営理論が分析する次元は，市場，戦略，組織，個人，集団，経営成果が主なものであった。しかしここでは，わかりやすくするために，経営理論を二つの次元に分けて発展動向を説明しよう。

第1は，戦略・組織にかかわる次元である。それは戦略，市場，競争，組織設計などを視野に入れている。図1-1の中の「戦略を立てる」と「組織をつくる」にかかわっている。この次元の研究は，市場との関係の中で事業をどのように展開するかにかかわっている。そして環境条件の変化に対応する戦略の問題と，組織の効率性と柔軟性をいかに確保するかという組織の問題に焦点がおかれている。

1.3 経営理論の発展 21

　20世紀初頭に最初の体系的な経営理論が登場したときには，企業は効率的な生産組織をつくることに関心があった。経営者は効率追求によって市場での競争力を獲得しようとしてきた。ところが1920年代になると，市場細分化や製品差別化が経営の実践として行われ，事業部制組織が工夫された。そこで組織構造の研究が行われてきた。第2次大戦後は，技術革新や市場環境の変化が強まるにつれて外部環境との関係が問題になり，市場との関係を取り入れた組織論や戦略論が発展している。1980年代以降は，革新や競争，組織能力の形成について研究が進んできた。

　第2は，組織の中の個人行動・集団にかかわる次元である。それは個人の動機づけやリーダーシップを問題にしている。図1-1の「人を動かす」にかかわっている。この次元の研究は，個人の仕事意欲を高めて能力を引きあげたり，個人への働きかけが行われる側面を取りあげている。1920年代に人間関係が作業能率に影響するということが明らかにされて以来，集団，リーダーシップ，動機づけの研究が進んだ。近年は，参加型経営および人的資源が経営にはたす役割の重要性が強調されている。

　図1-5は，これらの経営理論の発展の略図を示している。

図1-5　経営理論の発展

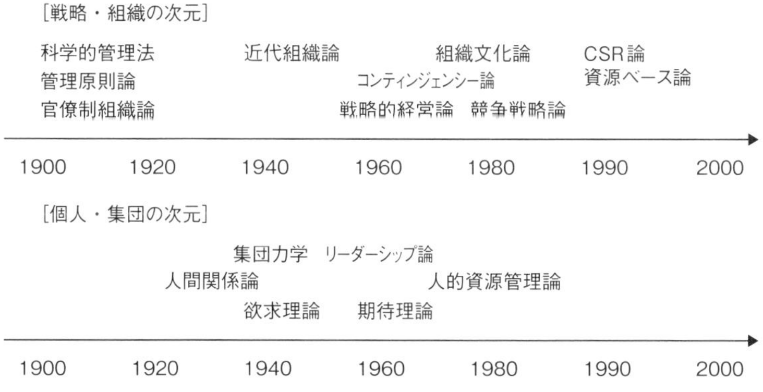

［戦略・組織の次元］

科学的管理法		近代組織論		組織文化論	CSR論
管理原則論			コンティンジェンシー論		資源ベース論
官僚制組織論			戦略的経営論　競争戦略論		

1900　　1920　　1940　　1960　　1980　　1990　　2000

［個人・集団の次元］

集団力学　リーダーシップ論
人間関係論　　　　　　　人的資源管理論
欲求理論　　期待理論

1900　　1920　　1940　　1960　　1980　　1990　　2000

第 2 章
環境変化の展望

2.1　企業の外部環境

　企業は社会の中に存在している。企業をとりまく外部環境は，企業の外側から経営に影響を与える。科学技術の発達，政府による規制，競争企業の行動，為替レートの変動，経済成長，消費者ニーズなど，多くの要因によって企業の経営は影響を受ける。したがって，企業は環境条件に対応しながら事業を行うことが必要である。そのためには，事業環境の予測を行うことが不可欠である。

　もちろん，外部環境は，企業経営にとって所与であるだけでなく，企業の側から積極的に働きかけ市場条件や競争方法を変える対象でもある。例えば，新製品・新技術によって競争に変化をもたらしたり，広告宣伝によって消費者の注意を引きつけることができる。価格政策によって消費者の購買行動に影響力を行使することができる。コンビニエンスストアや宅配便会社は，小売市場や運送サービス市場の革新を行い，われわれの生活スタイルを変えてきた。また，自然環境に対する企業活動の影響も地球規模で深刻さを増している。

　一口に企業の環境といっても，実に多くの要因から構成されている。まず環境は大きく一般環境と特定環境（タスク環境ともいう）に分けられる。一般環境は，事業に影響するかも知れないが直接関係しない環境である。一般環境は，政治，経済，社会，科学技術，文化，歴史，自然などに分けることができる。さらに経済の中にも多くの要因がある。一般環境を細かく分類していけば，次第に具体的な影響が見えてくる。消費，投資，鉱工業生産高，

2.1 企業の外部環境

図 2-1 環境要因の分類

```
        ┌ 一般環境：政治，経済，社会，科学技術，文化，
        │          歴史，自然
  環 境 ┤
        │ 特定環境：製品・サービス市場，労働市場，原材料市場，
        └          金融市場，技術市場，情報市場，政府
```

雇用，個人所得，輸出，輸入などが，企業経営にとって重要な意味をもつマクロ経済指標である。

　これに対し，特定環境は，企業の活動に直接関係する環境である。特定環境には，取引をする市場（製品・サービス市場，労働市場，原材料市場，金融市場など）と政府がある。企業は，製品・サービス市場では製品やサービスを販売し，原材料市場では原材料を購入し，労働市場では労働力を補充する。また，金融市場では資金を借り入れたり株式を発行して資本を調達している。政府は，調達行為によって顧客になったり，事業の許認可を与えたり，法的な規制を定めて企業の事業活動に影響している。市場での取引を効率的に行うためには，市場条件や取引慣行，競争要因を把握することが不可欠である。

　特定環境については第3章で言及するので，本章では一般環境についてその主な要因を取りあげよう。

　企業が長期的な事業展開の視野に入れておかなければならない環境要因として，現在では，産業構造の変化，人口構造の変化，国際化の進展，地球環境保護がとくに重要であろう。

　第1の産業構造は，技術革新や市場ニーズの変化を反映して変化している。近年は情報技術の発達が社会構造や経済構造の変化を加速している。第2の人口構造の変化は，少子化と高齢化によって引き起こされ，労働人口の構成に影響する。人口構造の変化は，雇用制度や労働力確保，生産コストなどに影響を与える。第3の国際化は，企業活動が国境を越えて広がることでその影響が大きくなっている。国際化は市場を広げると同時に，世界的な競争を強めている。第4に地球環境保護は，地球温暖化，生物多様性の減少，産業廃棄物など世界的に取り組まなければならない課題となっている。

　以下では順に，これらの長期的かつ基礎的な企業環境の変化を展望し，そ

24　　第 2 章　環境変化の展望

れが企業経営に与える影響を考えることにしよう。

2.2　産業構造の変化

(1)　産業構造の意味

　人口構造が変化したり所得が向上したり技術革新が行われると，製品市場に変化が現れる。その変化を産業構造でとらえることができる。

　産業構造には 2 つの意味がある。1 つは，経済全体における諸産業間の構成比率の意味である。第一次産業（農林漁業），第二次産業（鉱工業），第三次産業（小売業・卸売業・サービス業など）に分類しその割合を見ることができる。有名なペティ・クラークの法則で示される産業構造はこの意味である。各産業の構成比率は，就業者数あるいは生産額で表わされる。

　産業構造のもう 1 つの意味は，特定産業の構造という意味で，ある産業における需要の大きさ，成長率，市場集中度，参入障壁，競争などが取りあげられる。本章では，産業の構成比率としての産業構造を概観しよう。

(2)　戦後の産業構造の変化

　わが国の産業構造は，過去数十年の間に大きく変化してきた。表 2-1 によると，1940 年には，労働力の 44.3％は農業・漁業・林業の第一次産業にあった。第二次産業は 26.0％，第三次産業は 29.0％であった。ところが工業化とともに，第一次産業の労働力が減り第二次産業や第三次産業に移行している。1997 年の産業別就業者数は，第一次産業 5.5％，第二次産業 31.9％，第三次産業 61.8％である。2016 年になると就業者数は，それぞれ 3.4％，23.9％，72.7％，になっている。

　続いて，表 2-2 から，製造業の売上高上位 10 社を取りあげると，1950 年は繊維の東洋紡績が首位で，東洋紡績の他に鐘淵紡績，大日本紡績，呉羽紡績が名を連ねている。つまり，繊維産業が経済の中心であることがわかる。1964 年の東京オリンピックで金メダルを獲得した女子バレーは，繊維会社

2.2 産業構造の変化　25

表 2-1　就業構造の変化

(単位：%)

	第一次産業	第二次産業	第三次産業
1872（明治 5 年）	84.9	4.9	10.2
1880（　 13 年）	82.3	6.6	11.1
1900（　 33 年）	70.0	13.8	16.2
1910（　 43 年）	63.0	17.7	19.3
1920（大正 9 年）	53.8	20.5	23.7
1930（昭和 5 年）	49.7	20.3	29.8
1940（　 15 年）	44.3	26.0	29.0
1955（　 30 年）	41.1	23.4	35.5
1960（　 35 年）	30.2	28.0	41.8
1965（　 40 年）	23.5	31.9	44.6
1970（　 45 年）	17.4	35.2	47.3
1975（　 50 年）	12.7	35.2	51.9
1980（　 55 年）	10.4	34.8	54.6
1985（　 60 年）	9.3	33.0	57.5
1992（平成 4 年）	6.5	33.3	59.5
1997（　 9 年）	5.5	31.9	61.8
2010（　 22 年）	4.0	24.8	70.2
2016（　 28 年）	3.4	23.9	72.7

（出所）　日本経済新聞社編『ゼミナール日本経済入門』1985 年，『日本の就業構造』総務庁統計局，1999 年，『日本の統計』2018 年。

表 2-2　売上高ランキング（製造業上位 10 社）

順位	〔1950 年〕 社　名	業種	売上高(百万円)	〔1972 年〕 社　名	業種	売上高(百万円)	〔1990 年〕 社名	業種	売上高(百万円)
1	東洋紡績	繊維	41,413	新日本製鉄	鉄鋼	1,237,781	トヨタ自動車	自動車	7,998,050
2	八幡製鉄	鉄鋼	36,272	トヨタ自動車	自動車	1,126,133	松下電器産業	電機	4,248,760
3	富士製鉄	鉄鋼	27,656	日産自動車	自動車	1,091,970	日産自動車	自動車	4,005,550
4	鐘淵紡績	繊維	23,851	松下電器産業	電機	854,305	日立製作所	電機	3,525,254
5	三井鉱山	鉱業	22,894	日立製作所	電機	816,902	東芝	電機	3,060,886
6	日本鋼管	鉄鋼	22,877	三菱重工業	造船	731,529	日本電気	電機	2,760,682
7	大日本紡績	繊維	21,447	日本鋼管	鉄鋼	643,484	本田技研	自動車	2,748,863
8	三菱鉱業	鉱業	21,399	東京芝浦電気	電機	609,172	新日本製鉄	鉄鋼	2,573,116
9	呉羽紡績	繊維	15,865	日本石油	石油	538,133	三菱電機	電機	2,387,828
10	川崎製鉄	鉄鋼	15,544	住友金属工業	鉄鋼	446,893	マツダ	自動車	2,045,567

（出所）　日本経済新聞社編『ゼミナール日本経済入門』1997 年。

の選手が中心であった。

1972年に製造業売上高のトップになった企業は新日本製鉄で，日本鋼管，住友金属工業といった鉄鋼業の企業が上位10社の中に名を連ねている。新日本製鉄は富士製鉄と八幡製鉄が1970年に合併してできた会社である。鉄鋼は産業の米として戦後重点的に復興され，他の産業の発達の基礎となってきた。

1965年頃には経済の重化学工業化が著しく進み，鉄鋼会社だけでなく自動車会社，造船会社も著しい成長をとげている。1960年のわが国の輸出品は，鉄鋼がトップで綿織物を抜いており，1970年には輸出構成における重化学工業品の割合は73.8％にまで高まっている（『通商白書』）。

1990年になると，製造業売上高のトップ企業はトヨタ自動車で，自動車産業の成長が著しい。トヨタ自動車を含め日産自動車，本田技研，マツダの4社がランクされている。自動車産業の従業員数90万8千人，生産額45兆円が製造業全体に占める割合は，1996年でそれぞれ7.6％，13.0％になっている。自動車産業が経済の中で大きな比重を占めてきた。

このように時間とともに製造業のトップ企業が交代し，産業構造が変化している。1990年には自動車産業の比重が大きいが，自動車の国内生産は1990年の1348万台から1995年には1019万台になり，国内自動車市場の成熟化と海外工場の生産拡大が進んでいる。90年代の自動車の国内生産の約半分は輸出向けで，すでに1999年には，日系企業による現地生産が北米だけで約300万台に達している。そのため，次第に現地生産が輸出に代わりつつある。

他方で，エレクトロニクス技術，情報技術の発達が急速に産業構造を変えつつある。1996年には，製品別の国内生産額では，パソコンを中心とする情報機器の生産額が，自動車の生産額を抜いている。2015年度のわが国の情報通信業の売上高は48兆円，従業者数は162万人に達している。21世紀に入って世界経済の中で活躍が目立つ企業は，アップル，マイクロソフト，アマゾン，グーグルなどの情報関連企業である。情報技術は第四次産業革命を起こしているといわれるほど，経済にも社会にも大きな影響を及ぼしつつある。

産業構造の変化は，企業の事業に対して大きな影響を与えている。戦後の

2.3 人口構造の変化　　　　27

製造業は，軽工業から重化学工業，そして情報技術産業へと比重を移してきた。長期的には産業構造の変化は着実におこっているのである。そして，産業構造の変化は，企業の事業構造の変化と深く関係している。

　情報技術が産業構造，社会構造を変えつつある今日，新しい産業への適切な対応は経済および経営の課題になっている。

解説：ペティ・クラークの法則
　　経済が進歩して1人当たり所得水準が高まるにつれ，第一次産業から第二次産業，第三次産業へ，労働力の構成比率が移っていくことを指している。この法則は，一国において時系列的に認められるばかりでなく，一時点について，発展途上国と先進国との産業構成を1人当たり国民所得に対応させて国際的に比較した横断面分析においても見い出されるといわれている。

2.3　人口構造の変化

(1)　進む少子高齢化

　図2-2でわかるように，日本の人口構造は約100年の間に大きく変化している。平均寿命の伸びも著しく，日本人の平均寿命は，1995年に男性77歳，女性83歳でともに世界一であった。2016年になると平均寿命は，男性81.0歳，女性87.1歳に伸びている。食生活の改善，医療の向上などによって，現在では平均寿命が伸びただけでなく，世界的にもっとも高齢化の進んだ国になっている。高齢化とは，人口全体に占める老年人口の割合が増えることである。

　人口を階層によって分けたとき，0歳から14歳までを年少人口，15歳から64歳までを生産年齢人口，65歳以上を老年人口という。日本の人口に占める，65歳以上の老年人口の割合は1988年に11.2%，年少人口は19.5%であった。これが2025年になると，2012年の予測では，年少人口10.0%，生産年齢人口59.5%，老年人口30.5%になると推定されている。総人口に

第2章　環境変化の展望

図2-2　わが国の人口構造の変化

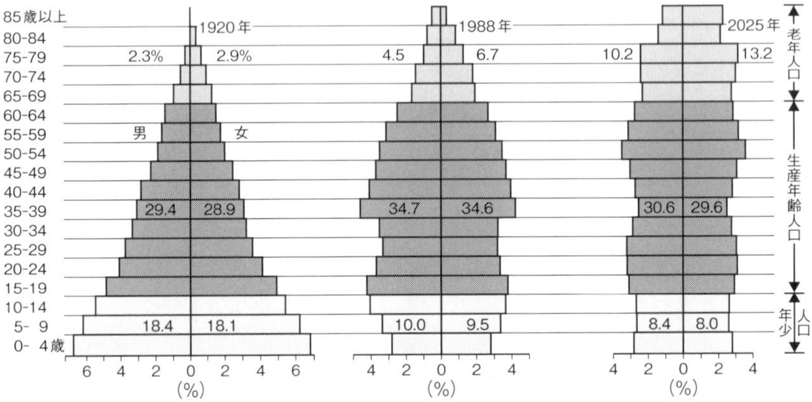

85歳以上
80-84
75-79　2.3%　2.9%　　4.5　6.7　　10.2　13.2
70-74
65-69
60-64
55-59　男　女
50-54
45-49
40-44
35-39　29.4　28.9　　34.7　34.6　　30.6　29.6
30-34
25-29
20-24
15-19
10-14
5- 9　18.4　18.1　　10.0　9.5　　8.4　8.0
0- 4歳

1920年　　1988年　　2025年

老年人口／生産年齢人口／年少人口

6 4 2 0 2 4 6
(%)
4 2 0 2 4
(%)
4 2 0 2 4
(%)

（出所）　総務庁統計局編『日本の統計』1989年。

占める老年人口の割合が急速に増えている。

　同時に，年少人口が相対的にも絶対的にも減少している。一組の夫婦が生む子供の数を示す出生率（合計特殊出生率）は次第に低下し，1995年に1.5人を下回っている。1975年の出生者数は190万1千人であったが，1995年には118万7千人になり，20年間で38％も減少している。新たに生まれる子供の数が減少する少子化が進んでいる。大学進学率の上昇，核家族化の進展，女性の社会進出などが晩婚化を促し，少子化をもたらしている。

　図2-2でわが国の人口構造を見ると，変化の様子がよくわかる。人口構造は，過去百年間にピラミッド型から，円柱型に進みつつある。そして，年少人口が急激に減少し，同時に老年人口が増加しているのである。少子化と高齢化が同時におこっていることから，少子高齢化といわれる。このため，わが国は短期的には不況と産業構造調整による失業者が増えることがあっても，長期的には労働力の不足が心配されている。

(2)　少子高齢化の影響

　人口の少子高齢化は，将来の大きな社会変化の原因となることが予想される。少子高齢化は経済の活力の減退を招く可能性が高く，社会の仕組みを維

2.3 人口構造の変化

持する上で厳しい条件となりつつある。それは，長期的には，社会に対して
も企業経営に対しても様々な影響を与えるであろう。そのいくつかを考えて
みよう。

まず，社会的影響については，第1に，生産年齢人口が相対的にも絶対的
にも少なくなるため，生産力の低下が心配されている。現実に製造業の生産
部門では相対的に賃金の低い若年労働力が不足したり，労働コストが高く
なったりしたため，生産機能を海外に移す企業が増えている。戦後一貫して
増加してきた製造業雇用は，1992年にピークをつけたあと，不況とも重
なって減少しつつある。

第2に，少子高齢化は，財政にもその影響を与えつつある。生産年齢人口
に対する老年人口の割合が高くなっているため，国民1人当たりの税負担が
増えているのである。

個人や企業が納付する税金と社会保険の合計の国民所得に対する比率を国
民負担率という。国民負担率は，租税負担率と社会保険負担率からなり，租
税負担率＝税金総額÷国民所得，社会保険負担率＝社会保険負担総額÷国民
所得，で表わされる。表2-3のように，国民負担率は，1955年の20.8％か
ら，1990年には39.4％になり，さらに2010年には49.4％になる。国民負
担率が急速に高くなっていることが理解できるであろう。

1989年には消費税の導入が行われ，社会保険料の引き上げや医療費の引
き上げも進んでいる。今後，少子高齢化に対応して，課税体系，年金制度，
福祉制度の仕組みそのものを根本的に改革する必要が高まるであろう。

続いて，少子高齢化の企業経営への影響を取りあげてみよう。第1に，人口
の高齢化と少子化は，雇用に反映して，個々の企業に若年労働力の不足をもた
らす。そのため，女性の社会進出が促進され，女性雇用の拡大にともなう雇用
制度の柔軟性が求められるようになる。第2に，従業員の平均年齢の上昇をも
たらし，年功賃金体系の制度の下では，労働コストの上昇をもたらすであろ
う。第3に，同一企業で定年まで働くという終身雇用制や，年齢とともに賃金
が上がる年功賃金制は大きく制限されるようになるであろう。労働力の平均年
齢が上昇する中で，給与体系や仕事内容を柔軟にする必要が高まるのである。

30　　　　　　　　　　　　第 2 章　環境変化の展望

表 2-3　国民負担率

	国民負担率	租税負担率	社会保険負担率
1955	20.8%	18.1%	2.7%
1990	39.4	27.9	11.5
2010	49.4	30.9	18.5

（出所）　日本経済新聞社編『ゼミナール日本経済入門』1985 年より作成。

　人口構造が変化して 35 歳以上の労働力人口と 35 歳以下の労働力人口の比率がほぼ 1：1 になると，企業でも管理者年齢層と非管理者年齢層が同じくらいの割合になってくる。このような労働力構成では管理職ポストが不足し，年功的昇進は不可能になるであろう。そこで雇用制度の改革が行われ，管理者を増やさない工夫をせざるを得なくなる。すでに一部企業では年俸制や業績主義を実施している。他方，社会福祉の観点からは定年を 60 歳から 65 歳に延長し働く意欲のある人に就業機会を与える方策が取られつつある。

　最後に，人口の少子高齢化による市場への具体的影響については，例えば，乳幼児向けのミルク，衣料などのベビー用品の販売が減り市場が小さくなるであろう。あるいは結婚するカップルの数が減るため，結婚式場の市場規模が縮小する。関連して婚礼家具の生産が減るであろう。他方で，介護・福祉関連の市場が拡大する。退職者の余暇時間が拡大し関連する事業サービスが拡大することが考えられる。女性の社会進出にともなう時間節約的，労働節約的なサービスも拡大するであろう。また，大学では，18 歳人口の減少にともなって社会人教育に力を入れている。

少子高齢化の主な影響
① 若年労働力の不足
② 税負担の増大
③ 医療費・年金負担の増大
④ 労働コストの上昇
⑤ 定年の延長
⑥ 終身雇用，年功賃金の修正
⑦ 管理職ポストの不足

このように，人口の変化によって様々な事業が影響を受ける。その中で，新しい事業分野を切り開くことや，これまでの事業を転換することがおこるのである。社会的には，少子化の進行をおさえつつ，女性の社会進出を支援する方策を工夫することが大きな課題となっている。

2.4 経済の国際化

(1) 海外直接投資の増加

経済の国際化とは，経済活動が国境を越えて行われることである。経済活動を行う中心は企業である。したがって，経済の国際化は企業活動の国際化として現れる。企業の国際化は，一般に輸出入から始まり海外直接投資へと進んでいく。

わが国は加工貿易に力を入れてきたこともあって，経済活動の中で占める輸出入の割合が高いが，多くの企業は輸出を行いつつ海外直接投資を増やしている。海外直接投資とは，海外に製造子会社や販売子会社などを設立し事業を行う投資のことである。輸出入によって開拓した海外の市場に対し直接投資を行い，海外での事業活動を次第に拡大している。

例えば松下電器は，1999 年現在において海外 44 カ国に 222 の子会社，関連会社を有している（吉原英樹）。小売業でも海外に店舗を有する企業は多く，並行して有名ブランド品，食料品，雑貨，家具，衣料品等の海外からの仕入れを増やしている。メーカーは部品・原材料だけでなく，近年は，海外工場からの完成品の輸入も急増している。

企業が事業を国際化する主な理由は，第 1 に，海外の市場に事業機会が存在するためである。事業機会があるということは，企業としての成長を実現する可能性があるということである。第 2 に，競争力を確保するために，原材料資源があるとか，労働力が豊富で労働コストが安いなどのように有利な資源を求めて進出する。所得水準の高い，したがって賃金水準の高いわが国は相対的に高コストの国になっており，製造業の優位性維持のために安い労

働力の国への企業進出が進むのである。さらに，この2つの理由のほかにも，輸入制限の回避や税負担の軽減等の理由によって，企業は事業活動を海外に広げている。

(2) 競争の激化

海外直接投資が行われると，それは企業経営に新しい条件をもたらすことになる。

第1に，それまで国内で事業を行っていた企業が，海外で事業を行うようになることである。そのために国内事業の経営とは異なる経営の工夫が必要になる。第2に，国際化の進展によって，海外市場で競争が強まるだけでなく，国内事業に対する海外からの影響も重要になってきた。

海外から安い製品や独自のブランドを確立した製品が，これまで以上に国内市場に流入し競合するようになる。サービス業分野では，外国企業が国内市場に参入し，金融，保険，証券，コンサルティングなどの事業を直接展開することが増えている。このように，国境を越えて外国企業との競争が強まり，産業・市場の変化が加速されている。

したがって，国際化は企業経営に新しい市場，新しい競争相手，新しい競争条件をもたらしている。市場でどのように事業を展開し，どのように競争に対処して競争優位をつくるのか，国際化は企業経営に新しい課題を課しているのである。それは企業に新たな競争方法，事業方法，能力開発を工夫することを要請している。高度の技術開発を行って製品革新を追求するのか，国際分業を利用して事業システムを革新するのか，あるいはまた，低コストを追求して生産拠点を海外に移し価格競争力を獲得するのかなど，企業は，従来とは異なる条件の下で決定しなければならない。

具体的に，コスト・価格に関しては，各国の1人当たり国民所得には大きな開きがある。そのため，企業の人件費は，1人当たり国民所得を反映して国によって大きな格差がある。一例をあげれば，2011年の日本と中国の1人当たり国民所得は，それぞれ45,903ドルと5,445ドルで約9倍の格差がある（世界銀行）。したがって，人件費に大きな格差が存在する。その中で，

2.4 経済の国際化 33

産業の競争力を高める努力が行われているのである。

⑶ **為替レートの影響**

　日本の通貨である円は，一般の商品と同じように市場で取り引きされている。異なる国の通貨を取り引きする場が外国為替市場で，その取引を外国為替取引という。なぜ通貨の取引が行われるかというと，輸出や輸入の経済活動，海外旅行での買い物などにともなう代金の決済が必要であるからである。

　輸出企業は，通常，輸出した商品の代金をドルで受け取り，そのドルを売って円を買う。輸入企業は，反対に円を売ってドルを買うことによって輸入代金を支払う。円レートが高くなったり安くなったりするのは，ドルを売ったり買ったりする取引の力によって引き起こされる。基本的には，それは日本経済および産業の競争力と成長力，そして円に対する為替市場の評価が変化することから生じる。輸出企業の競争力が強く国際収支が黒字であると，企業は多くのドルを受け取ってそれを円に交換するようになるから，円は買われやすい。

　為替レートの変動は，経済や経営のすべてに直接，間接の影響を与えている。輸出企業では製品の輸出価格に，輸入企業では原材料等の輸入価格に直接影響を与える。輸出・輸入に直接かかわらない企業では，原材料価格や類似海外製品との価格競争力に影響を与える。

　輸出企業では，例えば，ある製品をアメリカ市場で直接販売すると仮定すると，ドルで商品の販売代金を受け取る。受け取ったドルは日本円に交換されて給与，原材料費などの原資となる。

　1985 年の為替レートは，同年 9 月にニューヨークのプラザホテルで開かれた G5（先進 5 カ国蔵相・中央銀行総裁会議）のプラザ合意前は，1 ドル240 円であったが，その年の年末には 200 円，1987 年末には 122 円になった。このとき輸出企業は，1985 年には 240 円相当の商品を 1 ドルで販売したとすると，240 円の収益をあげることができた（輸送費や保険料その他の経費をゼロと仮定する）。

　ところが，1 ドル 122 円に円レートが上昇した結果，同じ商品を売るとき

に販売価格をすえおいて1ドルで売れば，122円の収益しかなく収益は半減する。おそらくこれでは事業は赤字で，生産コストをカバーできず賃金が払えないかもしれない。

そこで，240円相当の収益をあげるためには，販売数量に変化がなければ商品価格を2ドルに値上げすることでほぼ達成できるが，2倍の値上げは販売数量の大幅な減少を招くであろう。つまり，値上げをすれば売れなくなり輸出が難しくなる。こうした事態に，企業はコストの大幅削減や小刻みな値上げをして急激な円高に対処してきた。それでも円高を乗り越えるのは容易でなかった。事業の継続が難しくなると，事業の転換や廃業がおこるようになる。

いずれにしても，急激な円高は産業活動に大きな影響を与える。例えば，1990年代初めの自動車産業全体では，1円の円高が約500億円の収益減少になるといわれた。そのため円高によって海外への生産移転に拍車がかかり，すべての国内乗用車メーカーが北米市場に進出した。こうした投資の結果，1989年度のわが国の海外直接投資総額は675億ドルで，1985年度の122億ドルの約5.5倍に拡大した。

これに対し輸入企業は，1ドルの商品や原材料を購入するのに240円支払っていたものが，1ドル120円になれば120円の支払いですみ仕入原価が半分になる。したがって，輸入企業には円高になれば仕入価格が下がり大きな為替差益が生まれる。原油，木材，鉄鋼石，小麦，トウモロコシなどの輸入では円高がプラスとなる。反対に円安になると，輸入企業にとっては仕入原価の上昇となる。したがって，円安が進むと輸入品価格の上昇を招くことになる。1ドル120円から240円になれば，1ドルの商品を購入するのに，従来の2倍の資金が必要になる。そのため，資金量が同じであれば，半分の物資しか購入できなくなることを意味している。

経済全体では，為替レートの変動は輸出，輸入について片方にプラスになれば他方にマイナスになるように作用している。

2.5 地球環境の保護 35

表 2-4 円の対ドル相場 (単位, 円)

年	円相場	年	円相場
1960	358.30	1997	129.92
1965	360.90	1998	115.20
1970	357.65	1999	102.08
1975	305.15	2000	114.90
1980	203.60	2001	131.47
1981	220.25	2002	119.37
1982	235.30	2003	106.97
1983	232.00	2004	103.78
1984	251.58	2005	117.48
1985	200.60	2006	118.92
1986	160.10	2007	113.12
1987	122.00	2008	90.28
1988	125.90	2009	92.13
1989	143.40	2010	81.51
1990	135.40	2011	77.57
1991	125.25	2012	86.32
1992	124.65	2013	105.37
1993	111.89	2014	119.80
1994	99.83	2015	120.42
1995	102.91	2016	117.11
1996	115.98	2017	112.65

(注) インターバンク米ドル直物（年末）
(出所) 日本銀行調査統計局『経済統計年報』1997 年, 同『金融経済統計月報』2003 年 3 月,
2018 年 12 月。

2.5 地球環境の保護

(1) 大量生産・大量消費社会から循環型社会へ

大量生産・大量消費を特徴とした 20 世紀の産業活動は，人々に豊かな生活をもたらしてきたと同時に，有限な地球資源を大量に消費してきた。大量生産は天然資源の大量消費の上に成り立ってきた。

人々に物質的な豊かさをもたらしている経済活動は，天然資源を大量に消費し，さまざまな化学物質が製造過程で使われている。そのため，空気や水の汚染が進むとともに，化学物質は人体に悪影響を及ぼす危険が指摘されている。1960 年代の高度成長の過程で，わが国では水俣や四日市などで経済

活動に伴う大気汚染・水質汚染が進み公害問題が発生した。米国では排気ガス規制を求める消費者運動が展開され，ヨーロッパでは酸性雨による被害が深刻であった。

　経済活動がもたらす自然環境および社会生活への悪影響は，経済活動を行っている企業だけでなく，それによって生活に必要なものを入手している消費者が直接かかわっている。環境問題は，人々の生活スタイルと深くかかわっている。たとえば，自動車メーカーは自動車を生産し，人々はそれを使って便利な生活を享受している。生活に欠かせなくなっている自動車が，排気ガスを排出し地球温暖化や大気汚染の主要な原因のひとつになっている。自動車による環境悪化は，メーカーも消費者もそれにかかわっている。同じことは，電気製品，プラスチック製品等についてもいえる。

　このため，地球環境の悪化を防ぐには，企業活動と人々の生活の両面からの取り組みが強く求められている。企業は，環境保護への取り組みが社会にも企業にも価値をもたらすことを理解する必要がある。そして人々もその生活スタイルを変え，廃棄物をへらし，資源のリユース・リサイクルに取り組むことが求められている。とりわけ，環境への配慮は，生産者である企業の社会的責任とみなされるようになった。

(2)　持続可能な社会の構築

　1990年代になると，大量生産・大量消費の経済から，持続可能な循環型社会へ転換する社会意識が強まった。1992年には国連の環境と開発に関する会議（地球サミット）がブラジルのリオ・デ・ジャネイロで開かれ，「持続可能な開発」という理念が世界共通の課題として認識され必要な行動をとることが合意された。持続可能な開発とは，「将来の世代が自らのニーズを充足する能力を損なうことなく，現在の世代のニーズを満たすような開発」のことである。持続可能な発展をするために，循環型社会を構築することが強く求められている。

　循環型社会とは，製造工程で出る副産物や排水，廃材，あるいは消費された後に廃棄される商品をリサイクルすることによって，地球資源の消費と環

境破壊を抑制することを目指す社会のことである。わが国では，毎年，約500万台の自動車が廃車になり，テレビも500万台が廃棄されている。したがって，これらに使われている資源の消費を抑えるには，資源を循環させることが大切である。

そこで，持続可能な社会の構築に向けて実践的にはいくつかの重要な取り組みが行われている。その取り組みは，一言でいえば，事後的な環境対策から予防的な環境対策へ移っている。第1に，3R（リデュース，リユース，リサイクル）である。リデュースは，廃棄物を削減すること，リユースは再利用することである。これに対しリサイクルは再資源化あるいは再生利用を意味している。リサイクルは，古紙をはじめ，ペットボトル，アルミ・スチールカンなどでよく行われている。アルミカン，スチールカン，ペットボトルのリサイクル率は，2009年時点でそれぞれ93％，89％，78％であると言われている。

容器包装については，1997年に容器包装リサイクル法が施行され，2000年4月から完全実施されている。自動車，家電製品についても同様にリサイクル法が成立しリサイクルが義務付けられるようになった。テレビ，冷蔵庫，洗濯機，エアコンの家電4品目については，2001年に家電リサイクル法が施行された。ドイツでは1998年から廃車の回収が自動車会社に義務付けられるようになった。

第2に，国連大学は，廃棄物のリサイクルをさらに進めたゼロ・エミッション（廃棄物ゼロ）の循環型システムへの転換を提唱している。ゼロ・エミッションとは，「ある産業で排出された廃棄物を，別の産業の原料とすることで，資源のムダを減らし環境への負荷をできるだり少なくしようとする考え方」である。工場が廃棄物を出さないわけではないが，それがリサイクルされ再資源化されると，焼却処分や埋め立て処分するゴミはゼロにすることができるのである。

すでに一部の企業ではそれが実行され，工場からのゼロ・エミッションを達成したと宣言している。ゼロ・エミッションを目指す企業はこれからも増えるであろう。ゼロ・エミッションの考えを実現するためには相互に関連す

る企業の集積が必要になる。北九州市のエコタウン事業は，ゼロ・エミッションを地域的に推進しようとして構想され大規模な集積ができている。

第3に，エコデザインがある。これは，製品を製造する段階の環境負荷削減ばかりでなく，製品の設計時点で製造に必要な資源投入量や使用・廃棄段階の環境負荷削減を目指すものである。製品の設計段階から予防技術的に環境負荷を減らすことを目指している。省エネ照明，電気製品，エコカー，エコ住宅などエコデザインが行われている例である。

政策的にも，持続可能性に向けて，環境への影響を減らす製品の開発を促す，あるいは環境への影響を減らすための環境規制が導入されている。特に，EU で制定された RoHS 指令（電気・電子機器の有害物の使用に関する指令）と REACH 規制（化学物質の登録・評価・許可・制限規則）が代表的なものである。RoHS 指令は，鉛，水銀，カドミウム，六価クロム，ポリ臭化ビフェニル，ポリ臭化ジフェニルエーテルについてその使用を原則禁止としている。REACH 規制では，使用化学物質の登録を義務付けている。

こうした環境保護への取り組みは，世界的にも企業にとって次第に取引を行う必要条件になりつつある。中でも，ISO（国際標準化機構）の ISO14001 の認証を取得することを取引条件にする企業が実際に増えている。また，有

表2-5　日本電気のグリーン調達ガイドライン

区　　分	物　　質
製品について	
含有禁止	PCB，ポリ塩化ナフタレン，ビス，トリブチルすず化合物，トリフェニルすず化合物，アスベスト，短鎖方塩化パラフィン，オゾン層破壊物質
含有回避	カドミウム及びその化合物，鉛及びその化合物，水銀及びその化合物，六価クロム化合物，PBB，PBDE，ニッケル及びその化合物，アゾ染料
含有管理	アンチモン及びその化合物，ヒ素及びその化合物，ベリリウム及びその化合物，ビスマス及びその化合物，セレン及びその化合物，臭素系難燃剤，フタル酸エステル，オゾン層破壊物質，ポリ塩化ビニル，放射性物質
製造工程について	
使用禁止	CFC，1.1.1-トリクロロエタン，四塩化炭素，ハロン，HBFC，臭化メチル
使用回避	HCFC，トリクロロエチレン，テトラクロロエチレン，塩化メチレン

（出所）　日本電気『グリーン調達ガイドライン』2004 年 12 月。

2.5　地球環境の保護　　39

害化学物質を含まないあるいは削減した部品・材料を購入するグリーン調達
が強められている。日本電気は，半導体部品・材料について，有害物質の排
出を抑えるために，表2-5のような調達ガイドラインを定めている。

　21世紀において，環境への配慮なくして企業経営は成り立たない時代で
ある。

解説：ISO（International Organization for Standardization 国際標準化機構）
　　ISOとは，企業活動について国際的な標準化を推進する組織で，
スイスのジュネーブに本部がある。1926年にISA（国際規格協会）
として設立され，1947年にISOに組織改革している。ISOにはす
でに100カ国以上の国の企業が加盟している。
　　ISOの活動は，現時点では，品質管理システムに関するISO9000
シリーズと，環境管理システムに関するISO14000シリーズが中心
である。ISO14001は，環境方針を立て，環境管理システムを確立
するための具体的行動を求めている。ISO14001が求めている環境
管理システムは次の内容を含んでいる。
　　　環境方針：環境に関する経営方針を立てること
　　　プラニング：環境管理計画の実施体制を整えること
　　　実施と管理：実施すること
　　　検査及び是正：システムを管理しその是正を行う
　　　マネジメントレビュー：経営的に評価を行う
　　ISOの普及によって，環境管理の組織体制を確立することが，こ
れからの企業経営には不可欠になりつつある。

---

(3)　環境保護への地球的規模での取り組み

　1972年，スウェーデンのストックホルムで国連人間環境会議が開催され，
産業公害への認識が高まり，公害問題への取り組みが強化された。1987年
には，国連の開発と経済に関する委員会が「持続可能な開発」という概念を
提唱した。1992年にはブラジルのリオデジャネイロで国連環境開発会議
（地球サミット）が開催され，地球環境の保護に向けて世界的な取り組みが
始まった。

　人類が直面している地球環境問題の主なものは，地球温暖化，熱帯雨林の

表 2-6 環境年表

日本	世界
1955 イタイイタイ病発生 1956 水俣病発生公表	1955 大気浄化法制定（米国）
1967 公害対策基本法 1968 大気汚染防止法制定	1962 『沈黙の春』 1969 国家環境政策法制定（米国）
1970 水質汚濁防止法制定 1970 廃棄物処理法制定 1971 環境庁発足	1970 改正大気浄化法（マスキー法）制定 1970 環境保護庁設置（米国） 1972 国連人間環境会議 1972 『成長の限界』 1979 第1回世界気候会議
	1984 インド・ボパール事故（ユニオン・カーバイド社） 1987 環境と開発に関する世界委員会報告書 1988 気候変動に関する政府間パネル（IPCC）設立 1989 エクソン・バルディーズ号事故 1989 バーゼル条約採択
1991 資源リサイクル法制定 1993 環境基本法制定 1995 容器包装リサイクル法制定 1997 環境影響評価法制定 1998 家電リサイクル法制定 1998 省エネルギー法改正	1992 国連環境開発会議（地球サミット） 1992 生物多様性条約採択 1994 国連大学「ゼロ・エミッション」提唱 1996 ISO14001 制定 1997 地球温暖化防止京都会議（COP3）
2000 循環型社会形成推進基本法制定 2000 食品リサイクル法制定 2000 建設資材リサイクル法制定 2001 環境省設置 2002 自動車リサイクル法制定 2008 生物多様性基本法制定	2000 ELV（廃車）指令制定（EU） 2003 WEEE 指令制定（2006 年施行） 2003 RoHS 指令制定（2006 年施行） 2005 EU 域内排出権取引制度創設 2006 REACH 規制制定（2007 年施行） 2007 IPCC 第4次評価報告書

減少，オゾン層の破壊，有害廃棄物，酸性雨の増加，砂漠化，生物多様性の減少，海洋汚染の問題である。

　地球温暖化は気温の上昇によって砂漠化を進める。温暖化は異常気象を引き起こす原因になると考えられている。また，温暖化にともなう海面上昇は一部の国にとっては国土が海面下に沈む危険がある。いずれにしても，それは地球に住む人々の生活基盤を大きく変えてしまう可能性が高い。

　地球温暖化を防ぐには，二酸化炭素等の排出を削減することが有効である。二酸化炭素を吸収し酸素を創り出す植物は，温暖化を防ぐ上で重要な役割をはたしている。ところが，世界の熱帯雨林は，1981 年からの 10 年間に毎年日本の国土の約 4 割にあたる 1540 万 ha が失われてきた。このような

2.5 地球環境の保護　　41

熱帯雨林の減少を抑えることは，地球温暖化を防ぐ上で重要な意味がある。

　ところが，環境保護には難しい問題がある。開発を行い生活水準をあげようとする発展途上国と，現在の生活水準を享受しつつ地球環境を保護しようとする先進国の利害の対立があり，地球的規模での一致した行動をとることを困難にしている。また，環境破壊の原因はしばしば複合的であるため，その原因行動を特定し，責任を明確にすることが容易でないのである。

　しかし，環境の破壊や汚染を防ぐこと，そして廃棄物を減らし，リサイクルを推進することは，地球的規模の課題である。今や地球環境問題は，企業も社会も真剣に取り組むことが不可欠になっている。

第3章
成長と競争の戦略

3.1 市場経済の中の企業

(1) 市場と企業

　今日われわれが住む社会の経済体制は，市場経済と呼ばれている。市場経済とは，財やサービス（用役のこと）を貨幣と自由に交換できる経済体制のことである。市場経済では，生産活動が多数の企業の活動によって行われている。企業は自らの意志と判断により，事業目的に必要な人材，資本，原材料，情報などを市場から入手し，それをもとに製品あるいはサービスを生産し市場に提供している。

　企業の事業は，製品やサービスを販売したり，労働力を補充したり，原材料を入手したり，資本を調達するために，市場で取引をすることによって成り立っている。企業が取引する市場は，取り引きされる物の内容によって製品・サービス市場，労働市場，金融市場，原材料市場などに分けられる。単に市場というときは，企業活動のアウトプットとしての製品・サービスを販売する市場を指している。

　通常，製品・サービス市場（以下，製品市場という）には同じような事業を営む企業が複数存在し，これら企業の間で競争が行われている。そこでは，それぞれの企業がそれぞれの商品を供給し，顧客に販売しようとしている。しかも，消費者のニーズが変化したり技術革新が行われ，新しい製品やサービスが開発される。市場の条件は変化しているのである。

　それゆえ企業は，変化する条件に対応しながら顧客に受け入れられる価値ある製品あるいはサービスを生産し，市場での取引を円滑に行うこと，そし

て市場での競争に対処することが求められている。

⑵　市場競争のルール

　では製品市場における競争はどのように行われるであろうか。市場競争については多くのことが明らかにされる必要がある。例えば，競争がいかなる要因について行われているのか，いかなる競争の形態があるのか，競争力はどうすれば高められるのか，製品ライフサイクルの各段階によって競争はどう違うのかなど，多くの解明されるべき問題がある。

　まずはじめに，市場における競争のルールについて考えてみよう。競争は次のような基本的ルールから成り立っている（伊丹・加護野）。

　第1に，市場には売り手と買い手という2種類の参加者がいる，ということである。人は必ず消費者としての面をもつので，自分自身が買い手として市場の参加者の一人になる。しかし買い手は，消費者に限定されるものではない。部品・材料メーカーにとって買い手はそれを使って製品を生産するメーカーであり，問屋にとって買い手は小売店である。買い手には，消費者や企業が含まれる。したがって，買い手は広い意味では顧客と呼ばれる。

　第2に，市場では各参加者は自分の利益を考え，自由に判断をし，それぞれ対等の条件で競争に参加する。とくに買い手は，自分が求めるもの，自分にとって価値あるものを求めている。

　第3に，各参加者は自分にとってもっとも有利と思う条件を提示した相手と取引を行う，というものである。

　消費者が商品を買うときに，同じ品物ならば安い価格の店の品物を選ぶであろうし，価格その他の条件が同じならば品質のよい品物を選ぶように，自分にとって価値があると思う製品やサービスを選択し購入する。

　価値ある製品やサービスとは，価格が安い，品質がよい，機能がすぐれている，ブランドイメージが高い，などの形で具体化する。消費者にとって価値があるというのは，節約になったり，役に立ったり，楽しみがあったり，便利で利用しやすい，ことなどである。それはもっと根本的に考えれば，社会にとって有益なものであるということで，そのときにその製品・サービス

44 第3章 成長と競争の戦略

は市場で広く受け入れられるのである。

　企業は価値のある製品やサービスを開発し提供することによって，あるいは価値があることを訴えて，消費者を自社の製品・サービスの購入に誘導するであろう。価値があるとみなされなければ，消費者は購入してくれないからである。そのため顧客や社会にとって価値があるものを企業は生産し，市場で品質，価格，性能，便利さなどを競争しながら販売している。

3.2　戦略論の展開

(1)　戦略の意味

　市場経済における企業は，顧客の獲得をめぐって競争している。買い手のない製品やサービスの生産は，事業として成り立つことができないからである。そこで顧客を獲得するべく，保有する経営資源を使ってより魅力的な製品やサービスを生産しようとする。そのとき，いかなる事業をどのように展開するのか，明示的にせよ暗黙的にせよ，その基本方針を決めなければ企業は事業を行うことはできない。

　市場にどのように対処するのか，どんな顧客を対象に，どんな方法で製品やサービスを供給するのかなど，事業を行うときの基本的な方針を戦略と呼ぶようになった。

　企業経営における重要な概念として戦略の言葉が登場したのは，1960年代に入ってからである。それまでは今日でいう戦略の問題は，主に経営政策論の中で経営方針や経営政策として取りあげられてきた。戦略を理論的にも実践的にも重要な経営のキーワードに押し上げたのは，経営史家として有名なA. D. チャンドラーであろう。

　チャンドラーは，戦略とは，「企業の基本的目標を決定し，進むべき方向を選択し，資源の配分を行うことである」と，定義してきた。

　市場で取引をして存在する企業にとって，基本的目標を決定するとは，その決定にもとづいて展開される事業が必ず外部の市場や取引相手と関係をも

つことによって実現する。したがって戦略とは,「組織としての活動の長期的な基本設計図を市場環境とのかかわり方を中心に描いた構想」(伊丹・加護野)である,と言い換えることができるであろう。

　H. ミンツバーグは,これまで使われてきた戦略の意味を調べ,戦略には5つの意味があると指摘している。それは,計画(plan)としての戦略,策略(ploy)としての戦略,パターン(pattern)としての戦略,地位(position)としての戦略,構想(perspective)としての戦略,の5つである。ミンツバーグは,それらの頭文字をとって戦略の5Pと呼んでいる。こうして,戦略は,将来に向かって展望したり計画することであったり,行動を統制することの意味を含むのである。

(2)　戦略の内容

　では,企業経営における戦略は,理想やビジョンとどこが違うのであろうか。戦略はその内容として何を備える必要があるだろうか。ビジョンは,企業がどうありたいのか,何を成しとげたいのかを表す構想である。それに対し,戦略は事業の基本設計図である。設計図である戦略はめざす事業の内容についてより具体的でなければならない。そこで,戦略の中味は何かに関して,戦略には次の4点が備わらなければならないと考えられている(石井淳蔵他)。

　第1に,自社の事業が何であるかという事業領域(ドメインという)を決めることである。進むべき方向や事業領域が示されなければ,戦略は行動の指針として役立たないであろう。

　第2に,資源展開の決定である。どのように資源を配分し事業を行うか決めることである。それは,どの分野に資源を重点的に配分するか,どの分野から手を引くかなどを決めることである。さらに,ある部品を内製するのか外注するのか,買収して事業を行うか内部資源でするか,販売方法は委託か直販かなどについても決めることである。

　第3に,競争優位を獲得するための競争戦略を立てることである。より大きな顧客価値を創造し,市場でより強く顧客に訴えなければ買い手のない事

業を行うことになる。競争の方法を選択し競争優位を築く方策を選択することである。

　第4に，顧客に製品やサービスを届ける事業システムの決定が必要である。事業の仕組みをどのようなものにするか決めることである。

　これらの要素が戦略の内容を構成するもので，これらを備えたときに，戦略が説明されたと考えるのである。

　なお，戦略はその対象とする範囲によって分類されることもある。それは，図3-1のように，第1に会社全体にかかわる全社戦略，第2に個々の事業についての事業戦略，第3に機能（職能）部門についての機能戦略に分類できる。もちろん，これらがまったく独立で別個に遂行されて成功することはない。むしろ，相互に深くかかわり合っているものである。全体の戦略が作られ，それを実行するように各事業や各部門の戦略が作られ，組織システム，構成員の行動にいたるまで一貫していることが重要である。

　事業分野が一つしかない小さな会社では，全社戦略と事業戦略は一体である。機能戦略は，生産とかマーケティングとか，技術，財務，人事のように個々の機能についての戦略である。それぞれ生産戦略，マーケティング戦略，技術戦略，財務戦略，人事戦略などと呼ばれる。誰が戦略に責任をもつのかに関していえば，戦略にはこのように階層があることを考えると，その階層に対応して責任者が存在することになる。

　以上のように戦略といっても，その内容は多様である。そのことが戦略論の内容を複雑にする一因にもなっている。戦略論が取りあげてきたのは，このうち主に全社戦略と事業戦略の意味の戦略である。戦略論の発展は，経営

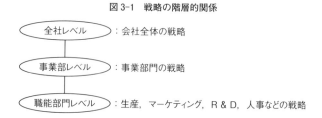

図3-1　戦略の階層的関係

者が企業の経営にいかに取り組むべきかについて，その責任をもつべき内容を提示してきたのである。

そこで以下では，戦略論にはいかなる理論があるのか，それは何を説明しているのか，いかなるときに有効なのか検討することにしよう。はじめに理論の全体的発展を説明しよう。

(3) **戦略論の発展**

戦略論は，時代とともに戦略概念の内容や分析対象を変えてきた。簡単な時代区分をしてその特徴を示すことにしよう。現在までの発展は，大きく3つの時代に区分することができる。

第1は，1960年代から70年代の成長戦略論である。1960年代にチャンドラーやH. I. アンゾフによって経営戦略の研究が切り開かれた。チャンドラーは『経営戦略と組織』（1962）という著書で，アメリカ大企業における多角化戦略の形成と事業部制組織の成立を歴史的に分析し，そこで戦略と組織の関係を明らかにした。事業が拡大し多数の製品系列や広い地域で事業をするようになることにあわせて，組織がつくられる過程を詳しく分析している。

その研究からチャンドラーは，「組織構造は戦略に従う」（Structure follows Strategy）という経営学におけるもっとも重要な仮説の1つを提起した。彼の研究は，経営学にとって戦略と組織という2つの重要な基本概念を示すとともに，両者の関係を明らかにした。それは，戦略と組織について多くの示唆に富む内容であるだけでなく，経営学の主要な研究領域を明らかにした点で後の研究に絶大な影響を与えている。

これに対しアンゾフは，『企業戦略論』（1965）という著書で，企業が戦略的意思決定を行うためのモデルを開発した。成長を多角化によって達成することが強調され，多角化戦略の研究を促した。現在の事業の他に，新たな事業分野に参入し展開することを一般に多角化と呼んでいる。多角化の理論は，新たに成長するためには自社の事業領域をどこに求めたらよいか，という問いに対する1つの答えであった。

続いて，多角化した事業を全体としていかに組み合わせて展開するかに研

究が移行し，成長をポートフォリオ（事業の組み合わせ）によって説明するプロダクト・ポートフォリオ・マネジメント（PPM）理論が登場した。また，1970年代には累積生産量の拡大が一定率でコスト低下をもたらすことが実証され，規模拡大の有利性を実証した経験曲線理論が展開された。これらの研究は，成長のパターンや成長の仕組みを明らかにすることに焦点をおいていた。

　この時期，アメリカ企業も日本企業も，事業拡大と多角化が実践的に大きな関心事であった。特に米国では，既存産業の成熟化が進み新たな成長機会を求めていた。戦略論は，成長のために事業分野をいかに選ぶことができるのか，という問いに答えようとしているのである。

　第2に，1980年代は，競争戦略論が展開された。1980年代は国際的な企業間競争が強まり，とくに日本企業の競争力の向上とアメリカ企業の相対的弱体化が明らかになって，それへの対応として競争戦略への関心を強めたのである。

　この時期の戦略論の中心テーマは，個々の事業の競争優位がいかに形成されるのか，競争要因や競争条件を示すことである。それは，ニーズの変化や技術革新がおこり製品ライフサイクルが変化する中で，事業を維持するために市場でどのように競争優位を獲得し強めればよいのかという問題である。

　経済学の一分野である産業組織論の分析枠組みを基礎にしながら競争戦略の分析を行ったM. ポーターは，競争の規定要因として業界構造に大きな意味をもたせている。ポーターによれば，業界構造によって規定されながら企業が選択できる競争戦略には，大別して，コスト・リーダーシップ，差別化，集中の3つがある。企業は，市場における競争についてはこの3つの戦略のいずれかを選択できるとした。

　他方で，70年代から80年代には，方法論的に新しい考えである戦略のプロセス論が展開されている。プロセス戦略論は，戦略策定を組織プロセスとしてとらえ，戦略形成過程，組織の自己変革，組織文化の変革の分析に焦点をおいてきた。それは戦略を完全に計画されたものとしてでなく，創発的なプロセスとしてとらえた理論である。創発とは，予期していないことがおこ

る環境に適応的に創造的に対応することである。プロセス戦略論は方法論的にはすぐれた点があるものの，企業実践においてはプロダクト・ポートフォリオ・マネジメントや競争戦略の機能的な手法が多く利用されてきた。

第3に，1990年代は，資源ベース論（resource-based view）と呼ばれる戦略論が展開されてきた。それは戦略の基礎にある経営資源・能力に分析の焦点をおいている。資源ベース論は，いかに経営資源・能力を獲得すれば持続的な競争優位を実現できるかに関心がある。それは，経営資源・能力が戦略を規定し，競争優位を決めると考えるのである。

その中でも，新たな方向を示した研究は，G. ハメルと C. K. プラハラッドのコア・コンピテンス（core competence）の理論である。コア・コンピテンスとは，「核となる能力」のことで，中核能力と訳されることが多い。つまり，コア・コンピテンスとは，「他社には提供できないような利益を顧客にもたらすことのできる企業独自のスキルや技術の集合体」で，企業が有する独自の組織能力のことである。経営資源や活動をまとめ，新しい製品，技術，事業システムなどを生み出す力のことを一般に組織能力と呼んでいる。

コア・コンピテンス理論は，成長の基礎としての組織能力の性質を明らかにし，革新を視野に入れた分析を展開している。このように，中核能力あるいは組織能力を重要な理論概念としている戦略論は，資源ベース論と呼ばれている。

資源ベース論の起源については，企業は経営資源をすべて使いきっているわけではなく，未利用な資源があるとして余剰資源の概念を用いて成長を説明した E. ペンローズの成長理論をあげるのが普通である。それは，経営資源をもとにした企業成長を説明する理論であるからである。

また，伊丹敬之は，情報的経営資源を強調し，伝統的な生産要素とは異なる情報的経営資源にもとづく経営戦略論を展開した。それは経営に必要な資源として，人，物，資本に加えて，情報をあげている。そして，技術，ノウハウ，信用などの目には見えない独自の情報的経営資源を，見えざる資産と呼んでいる。

見えざる資産の概念は，情報的資源を創造することが成長や競争優位の基

盤として重要であることを強調している。企業活動で情報がいかに重要であるかは、インターネット上の情報として展開されるビジネスが、市場のあり方を大きく変えてきたことでも理解できるであろう。

これらの研究が、資源・能力を中心概念にした資源ベース論の先駆的研究として重要な貢献をしてきた。

以上のように、1960年代のチャンドラーおよびアンゾフの研究以来、戦略論は、企業の戦略的行動に焦点をおきながら市場条件の変化を反映してその研究テーマを変化させてきた。要約すれば、戦略論がこれまで取りあげてきた主たるテーマは、次の3つである。

第1に、成長に向けて企業はどのように事業を展開すればよいのか、つまりどの事業分野に進んでゆけばよいのかということである。成長をテーマとし、成長を続けるためわが社の事業は何か、どの方向に事業を展開すればよいか決めることである。第2に、いかに市場での競争に対処するかということ、言い換えれば、いかに市場での競争優位を築いて事業を続けることができるかということである。これは競争をテーマとしている。第3に、そのために必要な経営資源・能力をいかに獲得し、形成するかということである。ここでは組織能力が中心テーマである。

これらが戦略論が取りあげてきた主要テーマで、その中でもとくに成長と競争が中心的に取りあげられてきた。成長と競争と組織能力は、現実には切り離すことはできないが、それぞれは異なる理論によって主に研究されてきた。

実際の経営では、成長も競争優位も組織能力も同時に考えなくてはならない。組織能力があって競争優位を築くことができたとき成長が可能になるからである。

図3-2 戦略論の発展と分類

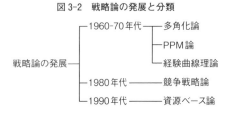

3.3 製品ライフサイクル

解説：企業家と経営者

　　企業家と経営者という言葉は，違った意味で使われている。企業家は出資者としての資本リスクを負担しながら事業をおこして経営する人をさしている。これに対し，経営者は出資者リスクは負担せずおこされた事業の経営を行う人である。所有経営者のように一人で両方をかねる人もあるが，大企業では経営者の機能と企業家の機能が一致しないことが多くなる。

　　経済発展には，何よりも出資者としてのリスクを負担して事業をおこす役割を担う企業家が出現することが必要である。シュンペーターは，企業家が革新の担い手であり経済発展の原動力であるととらえてきた。

　　ところが，株式会社が多数の出資者から大量の資本を集め，組織が大規模化するにつれ，経営管理の仕事が複雑になり，専門経営者を必要とするようになった。技術，財務，マーケティング，企画，研究開発などの職能（機能ともいう）が分業されて遂行されるために，専門スタッフが増えるとともに，全体を指揮する経営者の役割が重要になる。企業家のはたしてきた役割を，経営者が代わりに担っていくことが求められている。

　こうして戦略論は，それぞれの時代の新しい課題を解決しようとしてきた。ところが，今日のように市場環境の変化が激しくなると，成長と競争優位の持続には戦略の柔軟性が求められる。企業は，変化する諸条件に適切な戦略を柔軟に立てることが必要になる。したがって，戦略そのものの革新を説明することが重要になっている。

3.3　製品ライフサイクル

(1)　製品にはライフサイクルがある

　経済学者の A. マーシャルは，森の中の木の成長にたとえて，企業が成長することを説明した。生物が成長するように企業が生成し，成長し，やがて衰退するという見方をライフサイクル論という。ライフサイクルは，製品市

場についても考えられる。

　製品（プロダクト）ライフサイクルとは，製品の誕生，成長，成熟，衰退，消滅のサイクルのことである。つまり，製品には周期があるという考えのことである。産業や製品市場が時間の経過とともに変化することが，多くの工業製品について確認され，この見方を裏づけている。ライフサイクル論は，直接投資やマーケティング行動，中小企業成長を説明する有力な理論となっている。

　なぜ製品にライフサイクルがあるかというと，新しい製品が導入されると，次第にその需要が増え，やがて市場が成熟して需要の伸びが止まり，最後にはより便利なものやすぐれた品質の新しい製品に代替されるからである。技術革新は新しい機能をもつ製品を開発し新しい生産方法をもたらして，供給する側から新しい製品を可能にする。他方で，社会の変化や所得水準の向上は，需要の側から新しい製品の登場を促している。

　こうして，経済発展の中では，ある製品が衰退を始める一方で，新しい製品が導入され製品や市場の交代が行われている。製品ライフサイクルの発展は，企業経営にとってもっとも重要な影響をおよぼす環境要因の1つである。企業の事業の盛衰は，製品ライフサイクルに深くかかわっているのである。会社に寿命があるといわれるのは，製品にライフサイクルがあることを重要な根拠にしている。

　製品ライフサイクルは，工業製品についてその存在が確認されてきたが，工業製品のみならずサービス分野（保険，銀行，旅行等）の商品についても同様に考えることができるであろう。

　多くの産業から構成される経済は，様々な段階にあるきわめて多数の製品ライフサイクルから成り立つ複合的な市場の集合である。製品ライフサイクルの発展は，典型的には，導入期，成長期，成熟期，衰退期の4段階に分けられる。

　導入期は，製品を市場に導入し需要を開拓する時期である。技術的にはまだ流動的で，製品規格が統一されておらず技術問題について複数の方法が試みられる。この段階では，主に専門家や企業を顧客とするもので，競争は製

品価格よりも製品機能を重視している。事実上の業界標準（デファクト・スタンダードという）が競争力を決定的に左右するため，今日では導入段階での標準規格で主導権をとる競争が激しさを増している。その結果，企業間の戦略提携も盛んになっている。

次の成長期には，製品規格の統一や技術の標準化が進み量産化が行われるようになる。大規模な設備投資を必要とする量産化は，基本技術が安定し標準化することによって可能である。量産化によって製品価格が低下し，製品価格の低下は需要をさらに拡大して市場成長が実現する。

成熟期になると，市場は飽和に近づき市場成長率が低下する。価格を変化させたときに需要が変化する度合いを示す需要の価格弾力性は，相対的に小さくなる，つまり価格を下げることによる需要拡大効果は小さくなる。価格を下げた割に需要あるいは売上は増えないので，価格競争よりも非価格競争が重要となる。

しかし他方で，発展途上国への生産移転が進んだ製品については，発展途上国で生産される製品との価格競争が厳しくなる。技術の標準化が進めば進むほど，また生産の自動化が進めば進むほど，発展途上国での生産は容易になり，途上国製品との価格競争が強まるであろう。

最後に，衰退期は，市場の成長が終って衰退を始める時期である。新製品や代替製品にとって代わられたり，市場規模が縮小する時期で，事業そのものを見直すことが課題となる。

(2)　製品ライフサイクルと企業成長

製品ライフサイクルは，産業レベル，製品系列レベル，あるいは個別製品レベルでとらえることができる。例えば，テレビについてみると，全体のテレビ市場としてもとらえられるし，白黒テレビ，カラーテレビ，デジタルテレビなどでその製品ライフサイクルをとらえることもできる。同様に，自動車は，自動車市場全体でとらえることができるが，高級車や普通車，軽自動車などに分類してとらえると市場の動きが一層よくわかるであろう。一般に，製品ライフサイクルというと，産業レベルあるいは製品系列レベルでと

54 第3章 成長と競争の戦略

らえることが多い。

　経済の中には様々なライフサイクルの段階の商品があり，それが経済全体を構成している。新しく登場する産業，衰退を始めている産業，あるいは成長している産業などがある。

　製品にライフサイクルがあるということから導かれる政策的意義は，第1に，企業は製品ライフサイクルの段階に対応したマーケティング政策を展開する必要があるということである。その理由は，製品のライフサイクルの段階によって，製品に求められる価値，競争の性質，競争要因，顧客層，市場構造などが異なっているためである。製品ライフサイクルは，事業の展開を市場の成長にともなう時間経過の中で動態的に考えることの重要性を示唆している。ライフサイクルの段階に応じた企業行動および市場の特徴を表3-1にまとめてある。

　第2に，企業の成長は，既存製品の市場規模拡大が続く間は，既存事業の拡大を追求することによって可能である。コカ・コーラ社のアイベスター会長（67頁事例参照）は，多角化を否定してあくまでも清涼飲料に焦点をおくことを言明しているが，それはこの例である。たとえ成熟期にあるとしても，市場シェアを伸ばしたり新しい用途を開発したり，あるいは製品の寿命

表3-1　製品ライフサイクルと段階別特徴

	導入期	成長期	成熟期	衰退期
売上高	低水準	急速上昇	緩慢な上昇	下　降
利　益	僅　少	最高水準	下　降	低水準あるいはゼロ
キャッシュフロー	マイナス	緩　和	高水準	低水準
顧　客	革新者	マスマーケット	マスマーケット	遅滞者
競　争	ほとんどなし	増　加	競争企業多数	減　少
戦略の焦点	市場拡大	市場浸透	シェア防衛	生産性
マーケティング支出	高水準	高水準(割合は低下)	低　下	低水準
戦略の強調点	製品の認知	ブランド選好	ブランド忠誠	選択的
流通戦略	未整理	集中・強化	集中・強化	選択的
価格戦略	高水準	低　下	最低水準	上　昇
製品戦略	基礎的	改　良	差別化	合理化

（出所）　Doyle, P., "The Realities of the Product Life Cycle", 1976, 大滝精一他『経営戦略』1997年。

を延長するための製品改良は，重要かつ現実的な企業戦略である。できるだけ長くその事業を維持することはリスクの大きな革新的製品の開発に劣らず重要である。また国内市場が成熟すれば，海外市場へ進出することによって新たな市場拡大が望めるであろう。

　しかし，第3に，現在の製品のライフサイクルが終わることが予想されるならば，新しい事業の展開を考える必要がある。それもできるならば，現在の事業が順調なうちに次の事業を見つけ育てることが必要である。第2，第3の事業の柱がなければ企業の将来は不安定である。将来の発展のための投資を怠ることは，成長を持続する力を失い長期的な収益確保を難しくする。このとき新しい展開は，新しい用途を開拓したり，全く新しい製品市場を創造することもあれば，単に他の業界に参入することもあるであろう。

　カメラメーカーのキヤノンは，カメラの生産から複写機，プリンターなどに事業の比重を移している。2000年の事業の中でカメラ部門の生産は単体レベルでは総売上高の13.9%を占めるに過ぎなくなっている。製品別にみると最大の事業部門はプリンターを中心としたコンピュータ周辺機器に移っている。同社は事業分野を拡大することによって成長を維持している。

　いずれにしても製品ライフサイクル，つまり市場の変化が激しい分野では，新製品・新事業を開発することの重要性が高まり，それができないときはその産業，企業の事業が衰退することになる。このように，製品ライフサイクルと企業の成長は深くかかわっている。

⑶　**製品ライフサイクルの短縮化**

　所得が向上し生活が豊かになることは，市場ニーズを変えかつ多様化させる。また，技術革新が行われると，新しい生産方法が出現し新しい製品がつくられるようになり，市場条件の変化を促す。技術革新のスピードが早くなることによって，新しい製品が市場に送り出されるサイクルも短くなる。

　加えて，経済の国際化の進展が，市場競争の範囲や競争相手を変え，競争圧力を強め，産業構造の変革，製品ライフサイクルの短縮化を早めている。国際化は，技術革新にもとづく優位性を世界的規模で追求することを促して

第3章 成長と競争の戦略

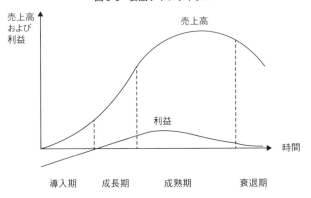

図 3-3 製品ライフサイクル

いる。技術革新が加速する中で，ますます多様なニーズに対応するために企業の新製品開発競争は国際的に強まっている。そのため，製品ライフサイクルは次第に短縮化される傾向にある。

1985年からの2年余りの間に1ドル240円からほぼ120円に進んだ円高や，1995年5月に1ドル80円まであった急激な円高は，国内の生産を相対的に割高にし，より有利な生産拠点で生産を行うべく生産の海外移転を加速した。そして，海外工場で生産された製品の輸入が早められ国内製品との競争が強まった。こうして，国内事業の転換が速くなり国内生産される製品のライフサイクルが短くなっている。

この点を表3-2から電気製品の国産寿命について見てみよう。国産寿命とは，最初に国内で製品が生産発売されてから，日本のメーカーが海外工場で生産した製品を日本国内へ輸入するまでの期間をいう。国産寿命が短くなるということは，国内で生産される製品の海外移転が速まり，海外工場で生産される製品との競合が強まって，国内事業が持続する期間が短くなることである。現地企業の事業や日本企業の海外事業が本格化するほど，競争が激しくなり国内事業への影響も強くなっている。

表3-2によれば，カラーテレビの国産寿命は30年であった。ところが，CDプレーヤーは10年，ワイドテレビは4年と次第に短くなり，国内メー

3.3 製品ライフサイクル　　　57

表 3-2　電気製品の国産寿命

製品	最初の国内販売	最初の輸入	国産寿命
カラーテレビ	1960 年	1990 年	30 年
家庭用 VTR	1975	1992	17
CD プレーヤー	1982	1992	10
ワイドテレビ	1991	1995	4
MD プレーヤー	1992	1995	3

（注）1　国内販売は国内市場での国産品の業界初。
　　　2　輸入は日本メーカーによる海外工場からの輸入。
（出所）日本経済新聞，1995 年 6 月 11 日より作成。

カーが海外工場で生産し輸入した製品との競争が速まっていることがわかる。このことは，それまで生産されていた製品の競争力が変化し，事業が衰退したり短期間に競争力を失っていく可能性があることを意味している。

　このような製品ライフサイクルの短縮化は，企業経営に対し，(イ)開発能力を高め新製品・新技術の開発を短期間で行うこと，(ロ)新製品を継続的に開発すること，(ハ)長期的な成長の方向を見定め適切な戦略を策定すること，などを求めるようになる。

(4)　製品ライフサイクル・モデルの適用上の注意

　製品ライフサイクルは，市場の発展を予測する重要な根拠となっている。自動車産業やコンピュータ産業，鉄鋼産業などの産業レベルでの市場規模や製品ライフサイクルは，比較的高い精度で予測することができる。産業レベルでの予測をもとにして，企業は個別事業や製品について売上高の推移を予測する。その売上高予測をもとに生産計画，販売計画，設備投資計画，人員計画，資金計画などが立てられる。

　成長戦略論は，市場が発展することを暗黙に仮定しており，製品ライフサイクルの存在を仮定してきた。しかし，製品ライフサイクルモデルの適用には次の点に注意しなければならない。

　第 1 に，製品ライフサイクルの各段階の期間は，市場あるいは製品によって大きな違いがあることである。製品ライフサイクルの形は多様である。各段階の期間の長さ，衰退のスピードなど，市場成長のパターンがどれもまっ

たく同じというわけではない。

このことは，実際に特定の製品のライフサイクルのデータをとって描いてみると簡単にわかるであろう。CD 導入からわずか数年で LP レコード盤は主役の座をとって代わられ，レコード針市場も一気に衰退した。流行商品は数カ月でブームが終わってしまうものがある。こうした急激な市場変化は，事前にはなかなか予測できない。他方で，生活必需品とよばれる商品にはいたって長いライフサイクルをもつものがある。したがって，実際のライフサイクルを画一的に考えることはできない。図3-3は，あくまでも標準化したものである。

第2に，企業は，新しい用途の開発を行って，製品ライフサイクルに影響力を与えることができる。新しい用途が開発されると，製品寿命は伸びるであろう。

第3に，製品ライフサイクルの各段階での競争は，それぞれの段階によって条件が異なり，しかもそれぞれ独自の業界構造の中で展開されるということである。製品の導入期と成熟期では競争条件や競争方法が異なるし，寡占業界と多数企業乱立の業界でも，製品ライフサイクルの段階によって競争の仕方は一般に異なっている。そのため，それぞれの業界で，市場発展段階に応じた企業行動を展開する必要がある。

3.4　成長戦略としての多角化

⑴　なぜ多角化するのか

企業は，成長を維持するためにどの方向に進むのか，何を基準に新しい事業分野を選択するのか，適切な指針を必要としている。戦略論は，これに対しまず多角化論を展開し説明してきた。

多角化は，広義には，これまでと違う新しい事業分野に進出することである。つまり多角化は，「製品分野の全体の多様性が増すこと」（吉原英樹他）であると考えられている。

3.4 成長戦略としての多角化 59

　企業はなぜ多角化するかというと，その大きな理由は，第1に，製品にライフサイクルがある限り，事業の成熟化は避けられないからである。もし事業の成熟化がさけられないとすると，企業の存続のためには，成熟化への対処を考えなければならない。そのとき多くの企業は，新しい分野へ進出することを考えるであろう。

　例えば，ある企業において，もしAの事業しかもたないと仮定すれば，Aの事業のライフサイクルによって企業の成長と存続が決まってしまうであろう。しかし，この企業がBやCの新事業を従来の事業に代わる事業として新しく展開できれば，この企業は事業を拡大し成長を続けることができるであろう。

　新しい事業をもつことができれば，既存事業が競争力をなくしたり市場が衰退することによる企業存続のリスクを低減することができる。したがって，多角化には事業リスクを分散するという目的がある。また既存産業が成熟するとき，新たな成長の方向づけをしなければ従業員の仕事意欲が低下してしまうだろう。

　第2に，企業はより積極的に新たな成長機会を探し求めるからである。特に，未利用資源を活用できれば，必要な資源の一部を節約でき事業を有利に展開することができる。これには，保有する経営資源をより有効に利用するという側面がある。

　アンゾフは，企業の成長の方法を製品とニーズの二次元でとらえ，成長のための製品市場戦略を図3-4のように市場浸透，市場開発，製品開発，多角化の4つの類型に分類し説明している。

　市場浸透とは，既存の製品，既存の市場で売上げを増やし成長を追求する

図 3-4　アンゾフによる製品市場戦略

製品 ／ ニーズ	既存製品	新製品
既存市場	市場浸透	製品開発
新市場	市場開発	多角化

（出所）　H. I. アンゾフ『企業戦略論』1965 年。

60　　　　　　　　　　　第3章　成長と競争の戦略

戦略である。次に，市場開発は既存製品でもって新しい市場を開拓する戦略
である。海外市場の新規開拓はこの例である。続いて，製品開発は，既存の
市場で新たな製品を追加する戦略である。最後に，多角化は市場，製品とも
に新しい分野へ進出する戦略である。

　こうして，アンゾフは，1960年代のアメリカ経済を背景に，成長の方法
として多角化という明確な方向を示したのである。主要産業が成熟期に達し
ていた1960年代の米国では，多角化が成長のために基本的に重要な方法で
あると考えられた。

(2) 多角化の尺度

　多角化の意味については，上のアンゾフの類型化が1つの有力な説明に
なっている。しかし，その説明は，多角化をいかなる基準で測るかについて
はっきりしなかった。その後，多角化の程度を測定する方法が開発されてき
た。多角化をどのように測定するかについて，最も受け入れられているのは
R. P. ルメルトによる次の方法である。

　まず，専業化比率を使って，多角化している企業としていない企業を分類
する。専業化比率とは，全売上高に占める最大事業の割合のことである。専
業化比率が売上高95%以上の企業を専業型企業と呼ぶ。これに対し，専業
化比率が売上高の95%以下の企業を多角化企業と呼ぶ。そして，多角化し
ているけれども本業への専業化比率が高い（売上高構成比の70%以上95%

表3-3　売上高構成比率の例

会　社　名	主たる事業（%）		その他の事業（%）	
トヨタ自動車	自動車・同部品	95.9	住宅	4.1
キリンビール	ビール	96.5	医薬品	3.5
新日本製鉄	鋼材	80.8	エンジニアリング	19.2
ブリヂストン	タイヤ	76.4	化工品	23.6
明治製菓	菓子・食品	59.6	医薬品	40.4
武田薬品	医薬品	62.8	食品	37.2
信越化学	有機化学品	43.4	電子材料	56.6

（注）　1998年3月決算，その他の事業は例示，数字は合計。
（出所）　『有価証券報告書総覧』より作成。

3.4 成長戦略としての多角化 61

```
多角化のタイプ
 ①  本業中心型多角化（専業化比率が70%以上95%未満の場合）
 ②  関連分野型多角化（専業化比率が70%未満で関連分野へ多角
     化している場合）
 ③  非関連分野型多角化（専業化比率が70%未満で非関連分野へ
     多角化の場合）
```

未満）場合を，本業中心型多角化という。

　次に，専業化比率が70%以下の企業を関連比率を使ってさらに分類をする。関連比率は最大の関連事業グループの売上高が全体売上高に占める割合で示され，関連分野への多角化が進んでいる場合を関連分野型多角化といい，関連分野への進出でないものを非関連分野型多角化と呼ぶ。関連型と非関連型は関連比率が70%を越える場合とそれ以下の場合で分ける。

　こうして専業化比率と関連比率を基準にして，企業の戦略は，専業型，本業中心型，関連分野型，非関連分野型に分類することができる。このうち，後の3つが多角化戦略である。表3-3には，日本企業の売上高構成の例を示したので，その多角化の程度を知ることができるであろう。

(3)　シナジー効果

　多角化は，事業を展開するときに，どの方向に向かって事業を展開できるのか，企業が進むべき方向を示している。多角化は製品・市場ともに新しいという点で革新性のある成長戦略であった。そしてアンゾフは，多角化による成長はなぜ有効なのかシナジー概念によって説明した。

　シナジー（Synergy）効果とは，異なる事業の間の結合効果のことで，全体が部分の単なる合計以上のものであることを意味している。つまり，シナジー効果とは，部分の単純合計よりも大きな結合効果をもたらすことで，わかりやすく示せば，1＋1＝3となるような効果である。シナジー効果があるときには，一定の成果をあげるために投入される資源を結合効果がない場合よりも節約することができる。同一の資源を投入すれば，その単純合計より

も大きな成果が期待できるのである。

それゆえシナジー効果は，企業が事業分野を選択し成長をめざすときに，新たな事業展開の方向の根拠となるのである。それは，企業としてシナジー効果を得られるような製品市場分野を探求すべきであることを教えている。なぜなら，シナジー効果のないゼロから事業を始める企業に対して，有利性が得られるからである。

シナジー効果があれば，事業に必要な経営資源をすでに一部保有しているために有利に多角化ができる。その結果，次のことが期待できるであろう。第1に，経営資源節約の効果がある。第2に，低コスト運営が行われる。第3に，シナジー効果があれば，ゼロからの投資に比べて，市場に早く参入したり対応できるのである。

こうした利点をもたらすシナジー効果は，いくつかの源泉から生まれる。その源泉によってシナジー効果を分類すれば，販売からの販売シナジー，生産からの生産シナジー，技術からの技術シナジー，経営からの経営シナジーである。

もっと大きく分けると，新たな事業展開に際して重視されるシナジー効果は，市場関連性と技術関連性で説明されることが多い。第1は市場の関連性があり，これまでのマーケティング知識・ノウハウや販売組織が役立つ場合である。共通の流通チャネルや倉庫，販売促進・広告ノウハウを利用するときの販売面でのシナジーがある。市場が近く，市場関連性があるのである。第2に，技術基盤が同じで利用できるときの技術関連性である。

例えば，花王は，石鹸，洗剤，生理用品，紙オムツ，化粧品の事業を行っている。同社はもともと石鹸の製造を事業に成長してきた。そして次第に上のような事業に多角化してきた。それら事業は，いずれも花王が得意とする界面処理，油脂化学，高分子化学の技術と関連があり，基礎的な技術・知識が生かせる分野であったのである。多角化は技術関連性だけでなく，市場関連性があればなお有利になる。花王の場合，洗剤と紙オムツ，化粧品は技術的に関連するだけでなく，いずれの商品も薬局やスーパーで販売されている。流通チャネルが同じで，顧客も大部分同じである。

> **解説：規模の経済と範囲の経済**
>
> 　規模の経済とは，「生産規模や取引規模が大きくなるにつれて製品の単位当たりコストが低下すること」を意味している。したがって，製造業企業の大規模な生産，小売業での大量の取引でこの原理が当てはまる。大量生産は，固定費に変動がないとすれば，大量に生産した分だけ単位当たりの製造コストを下げることができる。このように規模の経済は，大規模であることの有利性を示している。
>
> 　他方，範囲の経済は，「事業範囲を拡げたときに，複数の事業の間に資源・活動を共有して生ずるコスト節約のこと」である。複数の事業の間で生産設備を共有したり，流通チャネルが同じであったり，技術を共有できると，その分，資源節約が生まれコスト節約となる。その結果，企業は競争上の有利性を手に入れるのである。多角化論で使われるシナジー効果は，範囲の経済を表している。
>
> 　ただ注意しなければならないのは，規模の経済も範囲の経済も一定の条件の下でよく作用するのであって，無条件に成立して競争優位をもたらすものではないことである。

　意外に思える多角化の例では，明治製菓（現 明治ホールディングス）が，医薬品分野に進出しているケースである。同社では，1998 年 3 月期に医薬品の売上高が総売上高の約 40％を占めている。医薬品の事業は同社の本業である食品と関連性が無いように見えるが，実は，菓子製造のために多くの化学者を採用し，デン粉，タンパク質，ブドウ糖などの食品の化学成分の研究を進め，専門知識・技術を蓄積していたのである。つまり同社は技術関連性がある分野へ多角化しているのである。食品会社が医薬品，生命科学分野に進出しているのはこのような例が多い。しかしその場合には，販売ルートや顧客層は違ってくることが予想される。

(4)　多角化と業績の関係

　多角化の研究は，多角化を複数の類型に分類して，それぞれの多角化の戦略と組織構造や業績との関係を明らかにしている。多角化戦略，組織構造，業績について日米で同じ調査方法を用いて比較研究が進められた。多角化戦略と組織の関係については第 4 章で説明するので，ここでは多角化と業績の

関係について説明しよう。

多角化研究は，業績について，「関連型多角化が高業績と相関する」という事実を発見してきた。つまり多角化は業績と関係があること，とくに本業と関連ある分野へ多角化する関連型多角化が，高業績をもたらすことを示してきたのである。この発見は，販売あるいは技術等のシナジーの強い関連型多角化を行うことを支持している。

他方，非関連型多角化と業績との関係については，否定的な評価が多い。例えば，米国での調査では1950年代から80年代に行われた企業買収2021件のうち，半分以上は1986年までに撤退している。そして非関連型の分野の買収931件のうち74％で撤退が行われている（ポーター）。非関連型多角化は失敗に終わる可能性が高い，と指摘されているのである。

よくあることだが，景気後退期や業績低迷が続くと，多角化していた事業を撤退し事業範囲を縮小して本業に専念するケースがしばしば見られる。なぜ多角化した事業から撤退するかというと，その理由はいくつか考えられる。

第1に，経済が停滞したり進出した市場が成長しなくなると，期待される売上げ・利益をあげられなくなるからである。第2に，業績が落ち込むと，財務基盤が弱くなって，本業のテコ入れ強化が必要になるからである。第3に，多角化そのものが競争優位をもたらすとは限らないからである。多角化は競争優位ではなく，多角化によるシナジー効果や組織能力の強化が競争優位をもたらすのである。したがって，多角化はしたものの，組織能力や競争優位を獲得し強めることができなければ，多角化した事業から撤退するよう

解説：経営資源

　経営資源とは，企業活動に必要な資源のことで，一般に，人，物，金，情報と呼ばれるものがある。具体的には，資本，原材料・設備機械の物的資源，熟練労働者や各種資格をもつ専門家などの人的資源，技術・ノウハウ・信用・ブランドなどの情報的資源がある。企業独自の能力を形成し，競争力をもつには，情報的経営資源の役割が大きい。伊丹敬之は，情報的経営資源を「見えざる資産」と呼んで，企業が競争力を形成する中心的な経営資源であると指摘している。

になる。

　つまり，多角化をすれば業績がよくなるとは簡単には結論できないのみならず，多角化しない方がよい場合もある。また，多角化をした分野にはすでに専業企業がいることが普通であるから，多角化の成功は容易ではない。生産技術，販売ノウハウ，販売チャネルの構築などは，先行している専業企業が優位に立っている場合が多い。不況期には，専業型で独自の能力をもち強い市場ポジションを獲得する企業が業績をあげている一方で，事業を広げすぎた多角化企業の業績が悪化し，本業中心の経営に戻ることも多い。

　とはいえ，科学技術や社会の発展によって産業構造の変化は着実に進むであろう。現在の事業が成熟し衰退していく可能性が高ければ，多角化あるいは事業の転換は避けられない道である。

(5)　多角化論が適用できる場合

　企業の成長は，多くの場合，多角化をともなっている。それほどに多角化は避けられない面がある。しかし，だからといって多角化すれば成長できるということにはならないことを上で指摘した。

　そこで，多角化論がいかなるときに適用できる可能性が高いかまとめておこう。まず第1に，多角化はすでに事業展開している相対的に経営資源の大きな企業とか，あるいは地域などに根をおいて相対的に規模の大きな企業に適用できる。多角化は大企業によく見られる事業範囲の拡大と考えられることが多いが，それに限らない。地域の中核的企業が，一定の資本力をもつと様々な分野に事業を広げるケースは多い。この場合，地域的には先行企業が市場での優位性を獲得することが多く，成功する場合が多いのである。

　第2に，既存の事業と新しい事業の間に，関連性がありシナジー効果が得られる場合である。つまり，シナジー効果による有利性をつくり出すことができる場合である。しかし実際には，シナジー効果を実現して競争上の優位性を獲得するのは容易ではない。

　したがって，第3に，競争優位を獲得することが多角化には不可欠である。事業としての存続はその優位性にかかっているのである。

> **解説：M&A（Merger & Acquisition）**
> 　M&A は，合併・買収の意味である。合併は，複数の企業が結合して一つになることで，買収はある会社が他の会社を買い取ることである。合併は，複数の企業が一つになることによって規模を大きくし競争力を強めるために行われることが多い。これに対し，買収は，新たに事業を広げたり強化するときに，既存会社を買い取って市場参入を図ったり，経営資源を早く手に入れ事業の展開を機動的にする目的で行われることが多い。

　多角化の根拠とされるシナジー効果について注意しなければならないのは，現在企業が手に入れるシナジー効果よりも，将来，多くの可能性を生み出すようなシナジー効果がある事業分野を開拓することの重要性である。つまり，組織にとってどんな能力が長期的に大切で，どんな資源・能力をもつべきか考えて多角化を行う必要がある。

　では次に，企業は，どのような手段で多角化を進めるであろうか。多角化を進める手段としては，大きく内部開発と買収がある。すでに存在する企業あるいは他社の事業部門を買い取る買収は，時間を節約し参入障壁を克服するメリットがある。これに対し内部開発は，自社が保有する資源・能力を使って新しい事業を展開することで，保有資源を有効に利用できること，そして着実な組織能力の強化が行われる利点がある。必要な人材，技術は内部で育成・開発するのである。その他，合弁事業や戦略提携も多角化を進める手段として使われている。

　多角化行動について日本企業と米国企業を比較すると，日本企業は内部開発による方法を選ぶ傾向があり，米国企業はM&A（合併買収）によって機動的に多角化する傾向がある。米国ではレイオフ（一時解雇）ができ外部労働市場が発達しているため，この戦略をとりやすいのである。これに対し日本企業は終身雇用制や年功制の考えが強く，転職や中途採用が一般的でなく，人材の内部育成，技術の内部開発を基礎に時間をかけて事業を拡大する方法を主にとってきた。

　80 年代までの生産性向上や品質改善が競争要因として重要であったとき

3.4 成長戦略としての多角化 67

> **事例：D. アイベスター　コカ・コーラ会長**
> 「既存の事業に成長機会がある限り，新規事業に興味はない。………
> 目の前に膨大な未開拓市場がある。本業と無関係な新規事業を始め
> ると，単に新たな問題を引き起こすだけで終わる可能性がある」
> と，本業に成長機会があれば多角化は必要ないと語っている。
> 日本経済新聞　1998年7月29日。

表3-4　キヤノンの事業構成の変化　　　　　　　　　　　　　　(%)

事業部門	1960	1970	1980	1990	2000
カメラ	82.2	50.2	50.9	18.9	13.9
電卓		38.7	11.3		
複写機			27.7	31.6	23.8
光学機器		11.1	10.1	5.6	8.1
情報・通信機器				16.3	4.3
コンピュータ周辺機器				27.6	49.9
その他	17.8				

（注）　1960年，1970年は1-6月決算。
（出所）　『有価証券報告書総覧』「会社資料」より作成。

には，内部開発重視の日本方式は高い評価を受けてきた。しかし，1990年
代の情報技術革新によって引き起こされている産業構造変革や新産業創出に
おいては，機動力，戦略ビジョン，そして新しい事業システムの重要性が大
きく，そのため従来の内部開発による事業展開方法の見直しが強まった。経
済のグローバル化が進む中で，日本企業もスピーディな行動が必要になり，
積極的に買収を行うようになってきた。外国市場への参入や新しい経営資
源・能力を買収によって迅速に取得し，事業を強化する必要があるからであ
る。

　多角化は，それを進めるか否かよりも，保有する資源の利用可能性と将来
の核となる能力の獲得を考えて，いかなる分野に，どのような方法で進出す
るかが重要な課題である。それによって将来の事業の内容や成長性が決定的
に影響されるからである。

3.5 経験曲線

(1) 経験曲線の発見

1908年にフォード社でT型モデルと呼ばれた自動車の生産が始まって以来，大量生産方式は20世紀の産業活動の基本的形態とみなされるようになってきた。大量生産方式は，20世紀の産業活動が規模拡大にもとづく有利性を追求してきたことを象徴している。

伝統的に，競争上の優位性をもたらす要因は低コストであると考えられ，競争力は大規模であることによって得られる規模の経済（economy of scale）にもとづいて説明されてきた。規模の経済というのは，「生産規模や取引規模が大きくなるにつれて，製品の単位当りコストが低下すること」を意味している。したがって，規模の経済は，より大規模な生産設備にもとづいて大量生産をすることや，大量取り引きをすることにより，低い単位当たり生産コストあるいは取引コストが実現することを意味している。

大量に生産すれば，設備・機械等の固定費を多くの製品に割り当てることになるから，少量生産するよりも単位当たりの生産コストを下げることができる。同様に，大量に仕入れる量販店は，小さな小売店よりも安く商品を仕入れることができるのが普通である。規模の経済を図示すると，縦軸にコスト（あるいは価格），横軸に生産量をとったときに，コスト曲線は右下がりに低下するのである。

規模による利益が存在することが明らかであれば，企業の規模拡大の意欲は強まるから，成長指向，市場シェア指向の経営が行われるようになる。企業は積極的に設備投資をして生産能力を拡大し競争上不利にならないようにするのである。

1960年代末から70年代にかけて，大規模の有利性に関してもう1つの新しい仮説が現れた。それは，「ある製品の累積生産量が2倍になるとその実質的な単位当たり生産コストが一定率で低下する」という経験曲線（Experience Curve）が発見されたことから，経験曲線の仮説と呼ばれている。例

3.5 経験曲線

図 3-5　フォード T 型の経験曲線 （1909〜23 年平均コスト価格，1958 年価格）

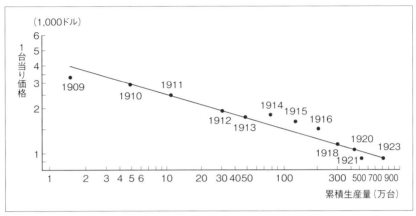

（出所）　Abernathy, W. J., and K. Wayne, "Limits of the Learning Curve," 1974.

図 3-6　経験曲線

図A　対数座標軸のもとでの経験曲線　　　　図B　普通の座標軸のもとでの経験曲線

（出所）　伊丹敬之・加護野忠男『ゼミナール経営学入門』1989 年。

えば，前期 100 単位生産し今期も 100 単位生産したとすれば，各期の絶対生産規模は変わらないが累積の生産規模は 200 単位になって 2 倍になる。このようにそれまでの生産が累積された生産量を累積生産量といい，累積生産量の重要性が明らかにされた。

　経験曲線を発見したボストン・コンサルティング・グループは，工業製品では累積生産量が 2 倍になると，20-30％の率で実質コスト（物価上昇分を

除いたコスト）の低下がおこっていることを明らかにした。経験曲線は，テレビ受像機，自動車，半導体，合成繊維，エアコンなどの工業製品について確認されてきた。経験曲線は，累積生産量を大きくすることがいかにコスト面で競争優位をもたらすか示している。

　経験曲線が存在するときに生産規模を拡大しないで現状維持を続けると，規模を拡大し累積生産量を大きく増加した企業に対して急速にコスト競争力を失うことになる。したがって，企業は，経験曲線の推移を予測して先行的に規模を拡大し，低コストを実現して価格競争力を獲得するという行動を選択する。特に市場が成長期にあるような場合には，市場の発展に合わせて規模を拡大すること，あるいは市場シェアを維持することは，組織の存続にかかわる重要な問題となるのである。

　規模の経済も経験曲線も，規模を追求する成長戦略が競争優位をもたらす合理的企業行動であることを理論的に裏づけている。両者の違いは，規模の経済が生産絶対規模を拡大することによって単位当たりコストが低下することを示すのに対し，経験曲線は生産絶対規模にかかわりなく累積生産量の増大によって単位当たりコストが低下することを示すことにある。図3-6上では，横軸に生産量をとるか累積生産量をとるかの違いになる。

　1960年代，70年代には規模拡大の成長戦略が顕著であった。この時代に大規模の有利性の考えが強いのは，日本経済および産業が成長拡大を続けていた時期であり，コストが大きな競争上の要因であったため，規模拡大による有利性が生まれやすいことがその背景にあった。こうした経済的条件が存在したため，拡大を追求する成長戦略は有効な戦略として機能したのである。

⑵　**経験効果**

　規模の経済は，生産絶対規模が大きなときに単位当たりコストが低いことを意味している。これに対し，経験曲線は，累積生産量が拡大すれば実質的なコストの低下がおこることを説明している。

　累積生産量の増大にともなって単位当たりコストが低下する効果を，経験

効果と呼んでいる。生産規模が拡大していない事業でも，企業は毎年，実質的にコストを下げている。なぜそれが可能かといえば，累積生産量の増加にともなって，作業に熟練し効率が向上したり，作業方法，製造設備，材料などの工夫がなされるからである。

経験曲線を成立させる経験効果の源泉には，次のものがある。

経験効果の源泉
① 労働の効率が向上する
② 専門化が行われ作業方法が改善される
③ 新しい生産プロセス導入によるコストダウンが行われる
④ 製品の標準化が進む
⑤ 製品の設計が改善される
⑥ 自動化が進む

規模の経済と経験効果は概念的には分けなければならないが，成長期における企業行動では，工場生産規模を拡大しつつ累積生産量を拡大することが同時におこっている。したがって，そのコスト低減は，規模の利益を含めた経験効果として生じている。生産規模を拡大すれば累積生産量もさらに拡大し，より速くコスト低下が実現するのである。

(3) 経験曲線が適用できる場合

経験曲線は，本来，コストと累積生産量の関係として説明されてきた。しかし，企業外部からコストを調べることは困難であることが多いので，通常，市場全体の累積生産量に対する価格の関係として描かれる。しかし，個々の企業は，これとは別に自社の累積生産量とコストで経験曲線を描いてみる必要がある。すると，自社のコストがどの水準にあるか，またどれだけの累積生産規模を拡大すると競争力のあるコスト水準になるか知ることができるであろう。

それでは，一般に経験曲線はどのような場合に適用できる可能性が高いであろうか。累積生産量拡大の成長戦略が合理的と考えられるケースは，第1

に，累積生産規模が拡大してコスト低下に結びつくことが期待できる時期，特に成長期である。歴史的にも資本集約的産業の発展期には生産量の拡大と価格低下は著しい。しかし，もし需要の拡大も規模拡大にともなうコスト低下も存在しないときに生産を増やせば，投資負担が増え在庫が増えるだけでそれは自滅につながるであろう。

第2に，市場での競争が同一の経験曲線に沿って行われていると考えられるときに，競合する企業の競争力を経験曲線の上で比較できる。しかし，差別化された製品であれば，その競争を同一の経験曲線で説明することは適切ではないだろう。

高級ブランド品に対する普及品，あるいは全国的に名前の知れたナショナルブランド（NB）商品に対して，小売企業が自社開発したプライベートブランド（PB）商品のように，差別化された製品に対しては，差別化による優位性をくつがえすことができなければ累積生産量を拡大することは競争力を強める効果をもたないのである。また，特許による独占や政府統制がある場合にも，経験曲線は当てはまらないことがある。

第3に，経験曲線に沿った規模拡大を行うことができるのは，生産規模拡大に見合う販売をともなっているときである。販売をともなわなければ，生産拡大は在庫を増やし損失を大きくするだけである。顧客に届かない製品・サービスの生産活動は意味がないし持続しないからである。

経験曲線は，経済成長率が年率約10%を記録した1960年代後半から70年代前半にかけての日本企業の行動によく当てはまっていた。当時のような経済の拡大期では，上に指摘した3つの条件は，比較的容易に満たすことができたからである。需要の伸びが大きいので事業規模も拡大しやすく，規模を大きくすれば単位当たりコストも急速に下げられるため，成長戦略は理論的にも妥当性のある企業行動であった。日本経済が拡大を続けたため，日本企業は成長戦略を採用しやすかったのである。成長は終身雇用や年功賃金を維持する上でも必要な条件であったから，多くの企業にとって成長追求は重要な経営目標であった。

しかし，経験曲線を利用した成長戦略にはおのずと限界がある。工業製品

解説：OEM（相手方ブランドによる生産）

　経験曲線を利用した戦略として，企業ではよく OEM（Original Equipment Manufacuturing）が行われる。OEM は，他の企業のために生産を行い他の企業のブランドをつけて販売することを受け入れて製品を供給することである。OEM の利用の第1は，下請けとしての生産受託である。それによって，受託企業は，規模の経済や累積生産量の拡大を実現し，場合によっては，海外市場への参入をはたすことができる。

　OEM の利用の第2は，下請け関係とは無縁で戦略提携の一形態である。大企業どうしの間の OEM は，規模の経済の実現をもたらすが，委託する側と委託される側の関係は，むしろ委託される側に競争優位があって，OEM はその優位性を一層強める手段となる。スズキがマツダに軽自動車を供給したり，シャープが日立にビデオカメラを供給するような例は，多く行われている。

では限りなく拡大する需要は現実にはないであろう。したがって，単一製品系列での成長にはおのずと限界がある。また，生産規模の拡大は物理的には簡単であるが，市場での競争優位を実現し市場シェアを増やすのは簡単ではない。生産だけでなく他の業務活動が調和していること，とくに販売，財務とのバランスをとることが求められる。

　さもなければ，生産規模の拡大で競争優位に立とうとする成長戦略は，魅力的ではあるが過剰生産，過剰投資におちいる危険が大きいであろう。規模の拡大競争が行われると，業界の総生産力が総需要を越えてしまうことがある。このような場合には，経験曲線に沿った拡大戦略は，大きなリスクをかかえることになる。

　そこで，経験曲線にもとづく行動のリスクは，次のように指摘することができる（ポーター）。第1に，新しい製品革新あるいは工程革新がおこって新しい経験曲線が創造されると，従来の経験曲線は意味を失うことである。第2に，経験曲線にしたがって低コストを追求していくと，製品差別化をしたり技術進歩を追求することがおろそかになることがある。第3に，強い企業が数社同時に経験曲線にそった戦略を展開すると，設備過剰になり，価格競

争が強まり利益が出なくなるまで競争が行われるようになりやすい。第4に，経験曲線によるコスト低下を求めすぎると，新しい技術に目がいかなくなったり他分野での市場開発から注意がそらされてしまうことがあるのである。

　一般に，経験曲線は，市場の成長があるものと仮定したときに，規模拡大の有利性を示している。したがって，他の前提条件が大きく変わらないで市場拡大を仮定できるならば，規模は重要な競争要因となるのである。

　しかし，経験曲線への固執は戦略視野を狭め，戦略の柔軟性を失うことになりやすい。経験曲線の追求はこの点に注意することが必要である。

(4) 規模追求は終わったか

　多くの成熟した基幹産業では市場の伸びが止まり，規模を大きくする競争は必ずしも競争の最重要な方法ではなくなりつつある。大量生産の仕組みは，次第に市場変化のスピードについていけなくなっている。したがって，規模拡大の有利性が実現しない条件が増えている。

　それにもかかわらず1990年代後半には，自動車，銀行などで大型企業の合併が世界的に続いた。その価値が低下したとはいえ，規模は依然として企業経営に重要な役割をはたしている。

　一般に，規模追求の理由は，第1に，市場が拡大している業種では大規模の有利性は依然として存在し，規模による低コスト競争が市場からなくなるということは考えられないためである。第2に，量産型の業種や各国間の資源価格格差による価格競争は，国際化の中で，規模によるコスト競争をむしろ強めるためである。したがって，それに対処するためにも，規模拡大によってコスト低減を追求するのである。第3に，より重要なことは，規模拡大によって多くの経営資源を保有し，市場支配を強めて，開発競争，コスト競争に対応できるようにするためである。

　技術革新のテンポが早く，製品のライフサイクルが短縮化され，短期間で成熟段階に入ってしまう。また，情報技術の発達によって，開発期間の短縮が行われたり，受注・発注・生産を直結するシステムの革新が行われ生産コストを削減するコスト競争が続いている。このように低コスト追求への圧力

はますます強くなっているため，豊富な資金力や開発力をもつためには，企業規模を大きくすることは意味があり，規模は依然として競争力をもたらす重要な要因となっている。

3.6 プロダクト・ポートフォリオ・マネジメント

(1) BCGモデル

多角化論は，新たな事業を展開するとすればどの方向に進むことができるのか，事業展開のあり方を説明している。大企業になると複数の事業を行うことが普通で，どの方向に展開したら将来の組織能力を高め，将来の安定的事業を手に入れることができるかは重要な問題である。そして次に，多角化した事業を全体としてどのようにバランスを取りながら展開するかが経営の大きな課題となる。

仮にある企業が5つの事業を行っているとしよう。その事業の中には，創業当時からの事業もあればこれから育てなければならない事業もある。ところが利用できる資金や人材などの経営資源には限りがあるから，すべての分野に十分な経営資源を配分することは不可能である。したがって成長可能性，必要資金，競争力，獲得される市場シェア，競争相手の行動，競争の方法などについて，個々の事業の条件をよく吟味した上で企業は資源配分を行い，事業を展開する必要がある。

それは，成熟期や衰退期に入っているかつての中心事業をどう位置づけるのか，その事業を強化するのか，現状維持するのか，撤退するのかの決定を含み，他方で新しい事業をどう育てるかの決定でもある。新しい事業は，既存事業との競争の中で限られた経営資源である資金や人材を確保する。多角化を成功させるには，将来的に市場での強みが高められるように資金の配分，人材の確保，技術力の蓄積を行う必要がある。

こうした課題に対して，複数の事業を展開する企業にとって，有限の経営資源をいかに配分して利益や成長を実現するかを分析するプロダクト・ポー

> **BCGマトリックスの書き方**
> 1 四方形を書き，水平，垂直にその中心線を引く
> 2 縦軸に市場成長率をとる（目盛りは5％，10％，20％など）
> 3 横軸を市場リーダー企業と比べた相対的市場シェアをとる（相対的市場シェアで目盛りは1.0を中心にする）
> 4 事業単位を決める（テレビ，パソコン，半導体などとする）
> 5 事業の大きさを円で示す（主要事業の規模とシェアを計算する）
> 6 マトリックスの上に主要事業を位置づける

トフォリオ・マネジメント（PPM）の理論が発達した。PPMは，事業間の経営資源展開を適切に行って持続的な成長を確保する手法として展開されている。ポートフォリオという言葉は，もともと「書類入れ」という意味である。そこから，証券投資では投資銘柄の組み合わせを意味している。戦略論でいうポートフォリオは，複数事業の組み合わせのことである。

　PPM理論には，コンサルタント会社のボストン・コンサルティング・グループによるBCGモデルや，ゼネラル・エレクトリック社が開発したGEモデルがある。これらのモデルは2つの次元によって事業を位置づけている。まずボストン・コンサルティング・グループによって提示されたモデルを取りあげて説明すると，図3-7のように，縦軸に市場成長率をとり事業の魅力を表している。横軸に相対的市場シェアをとり市場での競争力を示している。

　横軸の相対的市場シェアは，業界トップ企業との相対比較で表し，対等であるときに1.0で中央の分割線で示される。左によるほど市場シェアが高く，右によるほど市場シェアは低くなる。例えば，トップ企業の市場シェア40％，自社の市場シェア20％とすると，相対的市場シェアは20/40＝0.5である。続いて，縦軸は市場成長率を表し，5％，10％，20％などの目盛りをつける。中間線は，10％でとるのが1つのとり方である。事業規模の大きさを円の大きさで表し，それぞれの事業をこの図の上に描くと，事業の全体像がつかめるようになる。

　このように，BCGモデルは，市場成長率と相対的市場シェアの二次元の

3.6 プロダクト・ポートフォリオ・マネジメント

図 3-7 BCG マトリックス

市場成長率	高 10% 低	花形	問題児
		金のなる木	負け犬

　　　　　　　高　　　　　1.0　　　　低

相対的市場シェア

マトリックス上に主要事業を位置づけること，そしてあるべき経営資源の配分の方法を決定する手法である。これによって経営資源の蓄積，成長の実現，利益の確保を説明するのである。

　BCG モデルでは 4 つの類型が導かれ，それぞれ問題児，花形，金のなる木，負け犬と呼ばれている。各類型について，モデルによって予想される必要資金量の大きさや利益を考えておこう。

　第 1 に，問題児では，市場の成長が速く，新しい事業を育てるために多くの資金投入を必要としている。しかし，市場シェアが低いこともあって競争力が弱く，利益はまだないか少ないであろう。

　第 2 に，花形は成長期市場で利益の流入が盛んである一方で，競争が多く，市場拡大にともなう設備投資に多くの資金を必要としている。

　第 3 に，金のなる木は，競争優位にある安定した事業で，この段階の事業は新たに必要な資金投入が少ないわりに，得られる利益が多いため流入する資金量が大きい。ここで獲得された資金は，将来に向けて育てなければならない問題児や競争力を強化する必要のある花形事業に供給することになるだろう。

　第 4 は負け犬で，競争力もなく市場成長率も低い期待した利益をもたらさない事業である。BCG モデルでは，負け犬とされたら撤退することを示唆している。

　したがって，会社全体では，金のなる木から問題児へ資金を回し，花形事業に育て，さらに金のなる木として事業を育てるように資金循環を図ることが理想的な基本戦略であることになる。このように，BCG モデルは，市場

78　　　　　　　　　　　　第3章　成長と競争の戦略

図3-8　日本コカコーラの PPM チャート（2006 年）

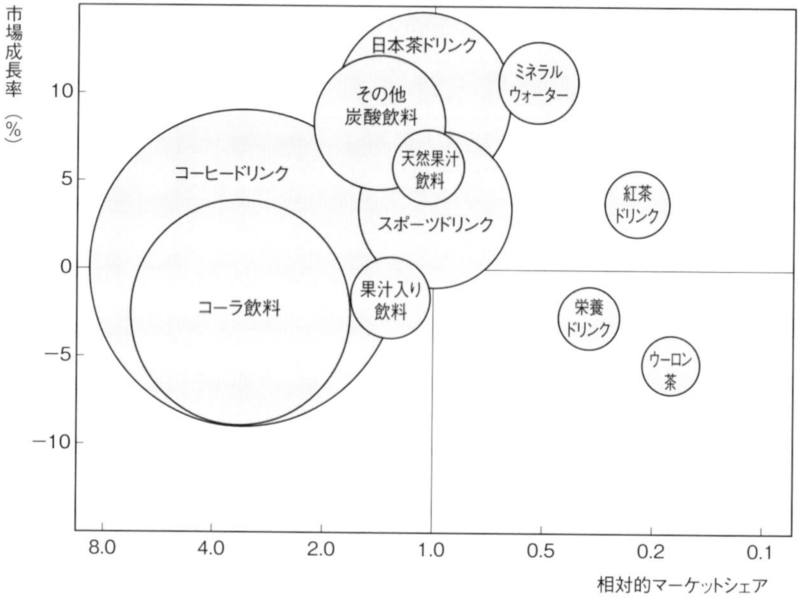

（出所）　嶋口充輝他編著『1 からの戦略論』碩学舎，2009 年。

の成長と市場におけるシェアないし競争上の地位にもとづいて戦略を選択
し，あるべき事業展開を行って企業成長を達成することを説明する分析手法
である。

⑵　GE モデル

　これに対しアメリカの総合電機会社ゼネラル・エレクトリック（GE）社
は，独自に GE モデルと呼ばれるポートフォリオモデルを開発した。BCG
モデルが事業を2つの要因でしかとらえていないこと，市場では2位以下企
業が必ずしも負け犬であるとは限らないこと，中間的地位がないことなどの
欠点があることから，より現実的な状況をとらえることのできる分析モデル
を開発してきた。

　BCG モデルが市場シェアと市場成長率という2つの要因によって事業を

3.6 プロダクト・ポートフォリオ・マネジメント

図3-9 GEモデル

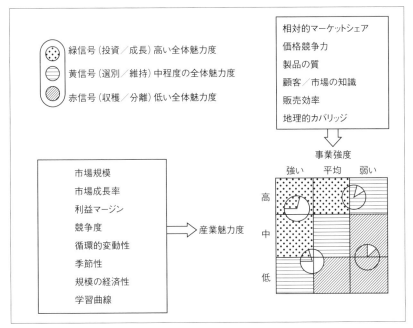

(注) この図はSBUが4の例である。円の大きさは産業の規模，円の白の部分はマーケットシェアである。
(出所) P.コトラー『マーケティング原理』1983年。

評価しているのに対し，GEモデルは産業魅力度と事業の強度の2要因でとらえている。そしてこの2要因は，それぞれ複数の変数から構成される合成変数として説明されている。

　第1に，産業魅力度は，市場規模，市場成長率，利益マージン，競争度，インフレへの対応，規模の経済性，学習曲線などの要因から構成されて総合的に判断される。

　第2に，事業の強度は，市場シェア，価格競争力，販売効率，製品の質などから構成され判断されるのである。

　こうして産業魅力度と事業の強度のそれぞれは，高，中，低の3つのレベルに区分され，より中間的な状況が把握できるように工夫されている。図

3-9 が GE モデルを示している。

　ところが，GE モデルを用い詳しい戦略分析をするためには，BCG マトリックスに比べてはるかに多くのデータを集めることが必要になる。したがって，一定規模の戦略計画スタッフをもたなければならなくなる。さらに個々のデータに不確実性が含まれるだけでなく，複数の指標を合成する場合の重みのつけ方についても注意が必要となる。

　また GE モデルは，それぞれの事業の位置づけをしたときに，そこからいかなる戦略や行動プログラムが導かれるかという点について不明確なところがある。事業の強度や産業の魅力度が複数の指標から合成されていることから，導かれる戦略あるいは行動プログラムも多様になる可能性がある。したがって，いかなる戦略をとるかは，産業特性や事業特性に依存することになるであろう。

　データにもとづく論理的意思決定を志向する米国企業では，PPM はよく利用される基本的な戦略手法となっている。1 つの手法が万能でないことに注意すれば，PPM 手法は大いに経営に役立てることができるであろう。少なくとも全体を見通したり，明確な論拠にもとづいて意思決定しようとすれば，PPM 手法は参考にする価値がある。意思決定を論理的に行うためには，できるだけ前提となっている条件を明らかにし，根拠を明確にしようとする姿勢がこの手法には表れている。

　戦略的経営のプロセスを一般化した例を図 3-10 にあげておこう。戦略的経営では，外部分析，自己分析を行い，機会，脅威，強み，弱みなどが分析される。それによって戦略代案を識別し，評価した上で戦略の選択が行われるのである。その中でとくに，強み（strength），弱み（weakness），機会（opportunity），脅威（threat）を分析する手法を SWOT 分析と呼んでいる。

(3)　PPM 手法と製品ライフサイクル

　PPM 理論は，製品あるいは市場にはライフサイクルがあるという前提で，企業がマトリックス上に描かれた個々の事業の競争上の地位から，いかに合理的なあるべき成長戦略を立案すればよいか計画立案の方法を示している。

3.6 プロダクト・ポートフォリオ・マネジメント

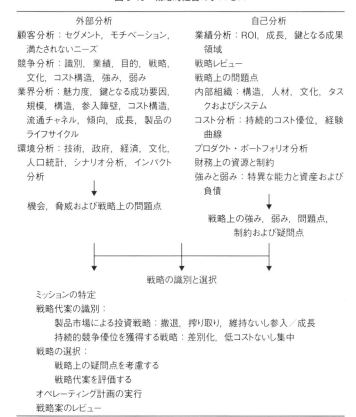

図3-10 戦略的経営のプロセス

(出所) D. A. アーカー『戦略市場経営』1986年。

　大規模化した事業部制組織では，事業部の数が増えすぎるため次第に個々の事業部を効果的に管理することが難しくなる。事業部の数が増えると，トップが個々の事業部の戦略決定に割くことのできる時間はきわめて限られてしまう。したがって事業部数が増え管理が複雑になったときに，全体として適切に事業を運営するためには，個々の事業をわかりやすくとらえ，個々の事業の全体的関係を考えることが重要になってくる。

　つまり個々の事業をバラバラにとらえず，会社の主要事業ごとに事業の魅

力や市場における強味をとらえ，全体の資源展開を適切に行うことが必要になる。このような場合に，PPM 分析は使われる。そして SBU（Strategic Business Unit 戦略事業単位のこと）は，主な事業をとらえ戦略策定と意思決定を行うときの単位として使われている。SBU は，複数の事業部をまとめて 1 つと考えることもあれば，新規事業でまだ事業部にもなっていないものを育てるために戦略事業単位とすることもある。

　なお，製品ライフサイクルは，製品市場の成長にともなって展開するが，個々の企業にとっては多くの条件を満たして初めて市場とともに成長が実現するものである。

　一般に，新しい成長市場には多くの企業が参入するけれども，競争が行われ途中で撤退する企業がある。成熟期になっても市場に残り続ける企業は意外と少ないのが現実である。1960 年代の電卓市場には 49 社が参入したといわれている。しかし，その大部分は撤退し，今日では主な企業といえばカシオとキヤノンが残っているのみである。市場が成長するからといって，個々の企業の事業が等しく成長するとは限らないのである。このことはまた，市場で先行することが，市場地位を保ち，市場とともに自社の事業が成長することを保証するものではないことも示唆している。

　たとえ PPM 手法を使って適切な戦略を選択したとしても，製品ライフサイクルの発展に沿って成長するためには，継続的な製品の開発・改善，技術開発，人材確保，資本調達，流通チャネルの整備，販売力強化などを並行して行なわなければならない。市場が発展し競争が行われているため，顧客にとって価値のある製品・サービスの開発，組織能力の向上，資金・人材等の経営資源の獲得などが必要なのである。このことは，すぐれた技術をテコに成長しようとする多くのベンチャー企業，中小企業にとっても重要な教訓となっている。

　このように，PPM はあくまでも戦略を策定するための手法で，戦略が成功をおさめるためには，実行活動と市場での競争力の実現が必要な条件である。

⑷ PPM 理論の適用

PPM 理論は，事業の強度や市場の魅力度などによって事業の全体を把握し戦略的意思決定を行うための手法を示している。

PPM 手法のすぐれた点は，第1に，個々の主要事業をマトリックス上に描き，その位置を示してわかりやすくとらえることである。とくに多くの事業部門をかかえる企業で，事業の実態が全体として把握しきれなくなるときに全体をとらえるのに役立つのである。第2に，それぞれの事業について競争戦略の基本的な方針を立てることを可能にする手法である。第3に，全体の資源配分について，戦略の統一的視点をもつことを可能にする。

BCG モデルや GE モデルに共通する PPM 理論の問題点は，第1に，市場をどのように定義するかによって市場シェアや事業の強みは大きく影響されることである。自動車市場を例に取れば，市場は高級車市場なのか全体市場なのかで結論は違ってくる。また，あまり大くくりな市場定義を用いると，その中には多くの製品が含まれるので本来ならそれぞれの製品ごとに違った政策がありうるが，それを全体として1つの市場単位とすることによって細かな対応ができなくなるという問題が生ずるであろう。

第2に，キャッシュフロー（利益や投資資金の流れ）によって戦略を評価，分析するため，明確な定量的データの利用に依存するようになる。そのため，不確実性の高い長期的な技術開発や革新については分析視野に入れることが難しくなることである。

第3に，新事業や将来の成長分野への，長期的な投資や長期的な企業能力の形成を低く評価する傾向がある。企業の存続には，長期的に核となる能力を形成し，それをいかに高めるかということが検討されることが必要である。このことは，自社の事業領域をどこに求めるかにかかわり，その判断にもとづいて投資を考えることである。つまり，将来的に核となる技術や組織能力の形成を考慮することが必要となる。

また，第4に，PPM モデルで示す事業の位置づけは，多くの経営者にはすでに理解されているといってもよいであろう。経営者にとって，どのように位置づけができるかということよりも，次に具体的に何ができるかがむし

ろ課題である。

　例えば，自社の事業がどのような位置にあるかは描くことができたとして，それでも選択可能な戦略は複数ある。マトリックス上の位置によって成熟事業の戦略を単に刈り取りと位置づけることは，適切な戦略決定であるかどうか簡単には結論できない。他の事業との関連によってはより適切な戦略がありうるのである。PPM では，相乗効果のある事業の重要性を過小評価することになりやすい。

　さらに，成熟事業から得られた資金を新しい事業に配分することは，事業部間の力関係や組織の慣性が強く働いて制約されるであろう。したがって，問題そのものをいかに知覚し，それを戦略としていかに具体化し実行するかの決定が求められるのである。

　以上のように，PPM 手法は，事業をマトリックス上に簡明に位置づけすることができる点にその長所があるが，次にそこから何をすべきかについては，自動的に答があるのではない。選択できる戦略にはかなりの多様性があるのである。そして，戦略の有効性を高めるためには，従業員の能力を高めたり，組織文化をよくし組織能力を強化することが大切である，ということが指摘されなければならないのである。

3.7　競争戦略

⑴　**市場と競争**

　市場経済は，企業の自由な市場競争を前提に成り立っている。ところがこの競争は，企業にとって負担を強いるもので，企業は競争がなければ安心して事業を続けることができると考えがちである。そのため，一方で市場で自社の競争力を高めようとする努力と，他方で市場競争そのものを抑制しようとする努力が見られるようになる。市場の独占によって競争をなくしたり，参入障壁を築いて新たな参入による競争を抑えようとする力がはたらいているのである。

3.7 競争戦略　　85

図 3-11　企業活動と価値創造

企業活動 ──────▶ 価値創造 ──────▶ 競争優位 ──────▶ 成長

解説：市場とは何か

　　市場の意味について経済学では，製品・サービスの売り手と買い手がいて取引が行われる場であるという定義が一般に用いられている。この市場は，見えるものでなく抽象的空間である。見えるのは個々の取引である。

　　市場の範囲について，理論的には互いに代替可能な製品によって競争が行われている場であると考えられている。それをとらえるには，異なる製品の間に，一方の製品価格を変化させたときに他方の製品の需要が変化するかをとらえ，もしそこに何ら変化がなければ両者の間には競争がなく別の市場に属しているとみなし，変化があれば同じ市場に属しているとみなす方法がある。

　　しかし，この方法は時間とコストをかけて行わなければ市場の境界線を決めることができない。そこで現実的な方法としては，標準産業分類が使われている。これは有用ではあるが，あくまでも静態的な産業の分類である。実際には，企業は，新しく市場細分化を行ったり，新しい市場をつくり出すことがある。

　例えば，パソコンの基本ソフト「ウィンドウズ」で圧倒的な競争力を築いてきたマイクロソフトは，不当に競争を抑制したとして米国独占禁止法に違反していると米司法省に訴えられた。また特許を取得した企業は，それによって他の企業が市場参入することを正当に制限することができる。

　しかし，独占によって競争をなくすことは，長期的には技術の進歩や産業の発展を止めることであり，社会階層の固定化にもつながる。それは，企業にとって国際競争力をなくしたり，社会の発展を妨げるようになる。それゆえ，価格協定を結んで競争を抑えたり，不当な圧力を中小の取引先にかけて競争を制限することについては，多くの国で違法であるとしている。

　このように，社会にとっては競争を適切に維持する仕組みが必要である。企業としては，競争が行われている市場で事業を続け成長するためには，顧客にとってより大きな価値をつくり出し，競合する製品・サービスに対して

自社製品・サービスの市場における有利性，つまり競争優位を獲得すること
が不可欠である。競争優位がなければ持続的な成長は不可能である。

　では，競争はどのようにとらえられるであろうか。従来，マーケティング
論の分野では，製品ライフサイクルや4P（製品，価格，販売促進，チャネ
ル）を中心に，企業の競争行動が具体的に説明されてきた。1980年代にな
ると，ポーターが競争戦略論を展開し新しい説明が行われるようになった。
そこで，ポーターの理論から説明することにしよう。

(2) ポーターによる3つの基本戦略

　すでに述べてきたように，1960年代や70年代の大企業が規模拡大や多角
化をめざしていたのに対し，1980年代に入って企業の戦略行動が他社との
競争をより強く意識した行動になってきた。この背景には，経済の国際化が
進展し各国企業の競争が激化したこと，アメリカ企業の競争力低下に対する
危機意識からその回復が叫ばれたことがあった。

　ポーターは，個々の事業の競争について業界構造から競争を分析する方法
をとった。競争を決める要因は業界構造の中にあるとして，業界構造によっ
て競争を説明するのである。それは，市場構造 ——→ 市場行動 ——→ 成
果，の枠組みを使って分析をする産業組織論の視点に立っている。

　その観点から，ポーターは競争に影響する5つの競争要因を示し，それが
競争行動をきめると考えた。そのモデルは5要因モデルと呼ばれる。競争行
動をきめる5つの競争要因とは，新規参入企業，代替品，供給業者，買い
手，業界のライバル企業である。これらの諸力が競争行動，収益性に影響す
るとしている。例えば，新規参入の脅威は，主に参入障壁によって説明され
る。新規企業は参入障壁を乗り越えなければ，市場に参入することができ
ず，実際の競争は生じないことになる。

　続いて，業界構造にもとづいて決められる具体的な競争戦略として，ポー
ターはコスト・リーダーシップ戦略，差別化戦略，集中戦略の3つの基本型
があると指摘した。

　第1のコスト・リーダーシップ戦略は，規模の経済や経験効果をもとにコ

3.7 競争戦略

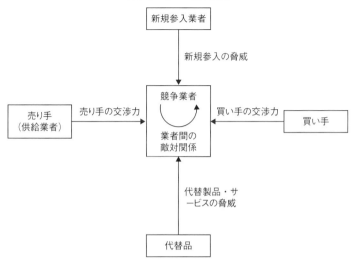

図3-12 5つの競争要因

（出所） M. ポーター『競争優位の戦略』1985年。

スト優位を追求する戦略である。一般に，規模の経済や経験効果が大きければ，規模拡大によって優位性を獲得しようとする意欲が強くなるので，コスト競争は激しくなる。業界で市場シェアトップの企業は，この戦略をとることにおいて有利性がある。市場シェアが大きいことは，多くの場合，規模の経済や経験効果を発揮しやすいからである。

しかし市場シェア競争は，競争の焦点がコスト・価格におかれ，設備拡大競争や激しい価格競争におちいりやすい。その結果，互いに利益が出ないで共倒れになる危険をはらんでいる。規模の利益が大きく固定費の割合が大きな装置産業などの分野では，固定費をカバーするために価格を引き下げてでも競争する傾向が強まる。

第2に，差別化戦略は，自社の提供する製品・サービスが他社の製品・サービスとは異なる価値をもつことを訴えて競争上の優位性をつくる戦略である。製品の機能，品質，デザイン，品ぞろえ，アフターサービス，納期などの要素によって製品が差別化されることをいう。品質やブランド，機能に

図3-13　ポーターによる競争戦略の分類

競争優位

		低コスト	差別化
競争スコープ	広い標的	コスト・リーダーシップ	差別化
	狭い標的	コスト集中	差別化集中

（出所）　M. ポーター『国の競争優位』1992 年。

対する買い手の評価を高めることがこの差別化戦略では重要である。

　トップシェアでない企業は，市場細分化の方法を変えたり対象とするニーズの重点を変えて異なる訴求点をつくりだし，独自性を強調することによって顧客をとらえることができる。

　第3に，集中戦略は，業界のリーダー企業あるいは大企業との直接の競争を避けて，特定の分野に資源を集中して事業展開をする戦略のことである。特に，すき間（ニッチ）市場に集中特化することは，ニッチ戦略と呼ばれる。集中は，集中した分野で低コストを追求するコスト集中と差別化を追求する差別化集中に分けられる。

　集中戦略は，大企業と同一市場で競争することができない，小規模企業に適しているとみなされている。それによって経営資源を集中投資し，資源効率を上げることができるのである。

(3)　戦略の実行と価値連鎖

　業界構造が競争戦略を決めると考えたポーターは，顧客にとっての価値が企業組織の中でどのように創造されるかについて，業界構造によっては説明できなかった。なぜなら，業界構造は，企業にとってはあくまでも外部条件であるからである。そこで彼は，企業の業務活動の体系である価値連鎖

（value chain）の考えを新たに導入した。価値連鎖の概念によって，3つの基本戦略が実行され，価値が創造される過程を説明するようになった。

価値連鎖とは，業務活動の体系のことで，主活動と支援活動から構成されている（図3-14）。主活動は原材料調達から製品の販売までの流れの活動を直接行う活動で，購買物流，製造，出荷物流，販売・マーケティング，サービスがある。他方，支援活動は主活動の遂行を支援，強化する活動で，全般管理，人事・労務管理，技術開発，調達活動に分けられている。

個々の業務活動は，バラバラでは事業にならず，全体としてまとまって意味のある事業となる。そして，価値連鎖の中で独自の価値を生み出すことが競争優位をもたらすのである。例えば，A社は技術開発に優位性があり，B社は販売に強みをもち，C社は製造に競争力をもつという具合で，品質，コスト，デザイン，信用，サービス，あるいは機能などについて，独自の取り組みをすることによって他社にはない価値をつくり出すことである。

つまり，価値連鎖の概念は，企業の事業が種々の業務活動の連鎖からなり，この連鎖から独自の価値が生産されることを明らかにしている。

価値連鎖の概念を導入したことで，ポーターは業界構造によって規定され

図3-14　価値連鎖の基本形

（出所）　M. ポーター『競争優位の戦略』1985年。

る競争戦略を考えただけでなく，業務活動の中でいかに価値が生産されるか
を分析するようになった。

　こうした価値連鎖の概念は，個々の業務活動の相互補完性と全体性をとら
えている点に大きな特徴がある。事業は多様な活動から構成され，統合され
た活動が社会的に価値ある製品やサービスを生み，顧客のニーズを充足して
市場での競争力を実現する。したがって，「全体としての企業の優位や劣位
はその業務活動全体の結果であって，ごく一部の業務活動だけの結果ではな
い」というのである。価値連鎖の考えは，業務活動の全体をとらえながら，
価値の生産が行われる仕組みを説明する概念となっている。

　価値連鎖から独自の価値が創造されるというのは，具体的には次のような
ケースである。生産工程を自動化する，間接販売から直接販売に変えて流通
の中間段階を簡略化する，新しい流通チャネルを開拓する，部品・材料を鋼
鉄からアルミやプラスチックに切り替えて原材料を新しくする，アウトソー
シング（外部委託）を利用して調達システムを変革する，受発注システムを
革新する，などによって新しい価値連鎖をつくり出すことができるのである。

　こうした活動を通して，価格が安い，品質がよい，機能が新しい，性能が
よい，デザインがよい，便利である，納期が短い，アフターサービスがよい
などの形でより大きな顧客価値がつくり出されるのである。

　企業の実例で示せば，セブン‐イレブンがPOS（販売時点情報管理）シ
ステムを開発し，それをオンラインの単品管理システムに発展させ，売れ筋
商品の開発や在庫管理の効率化に威力を発揮してきた。ヤマト運輸は宅配便
事業に進出し，その荷物のオンライン管理システムをいち早く開発しサービ
スの質の向上を実現した。トヨタはかんばん方式の開発によって生産管理を
合理化し効率化を達成してきた。従来，自社の工場で部品をつくり生産を行
うことが普通であったコンピュータについて，デル・コンピュータは部品の
外部調達による組立に特化し，顧客からの直接受注・直接販売の方式を採用
して事業システムの革新を行って成長してきた。

　このように業務活動の連鎖に独自性をもつことによって，より大きな価値
が生産されたとき，顧客への魅力を高めて市場での競争優位が生まれるので

> **解説：市場細分化と差別化**
>
> 　様々な欲求をもつ顧客を共通の属性によってまとまりのあるグループに分けて分類することを市場細分化という。顧客の特性によって市場細分化する場合は，地理，組織タイプ，企業規模，ライフスタイル，性別，年齢，職業などによって分ける。また，製品特性によって市場細分化する場合は，材質，生産技術，使用頻度，求められる便益，価格に対する敏感性，用途，ブランド忠誠などによって分ける。
>
> 　市場細分化の目的は，顧客ニーズに対応した製品の供給を的確に行おうとするマーケティング戦略の有効性を高めることである。
>
> 　自動車の例では，普通車，商用車，トラック，スポーツカーは異なる市場セグメントで，市場は細分化されている。履き物についてみると，男性用，女性用，学童用，乳幼児用などに分けられる。市場が細分されると同時に，生産企業もまったく別である場合がある。
>
> 　これに対し差別化は，自社の製品・サービスが他社のそれとは異なる価値があることを顧客に訴える戦略である。差別化は，競合する他社製品との違いを訴える競争方法である。同一市場で顧客層が同じならば，機能，価格，品質，デザインなどについて直接競争する。チョコレート，アイスクリーム，タバコ，ビール，ビデオカメラなどの競争は差別化が中心である。

ある。

　なお，価値連鎖の概念は単一企業に当てはまるだけではない。供給企業，買い手企業にもそれぞれの価値連鎖がありそれらが取引関係によって結合している。そのことから特定の国の産業あるいは地域についても価値連鎖は適用でき，国や地域の産業集積の厚みとその競争力を説明することができる。わが国の地場産業やアメリカのシリコンバレーのように，多くの企業が集まってその価値連鎖が重層的に結合されたとき，地域には価値連鎖の大きな集積が生まれ地域や国の産業競争力を強めるのである。

⑷　基本戦略の適用

　ポーターの示した３つの競争戦略は，市場での競争の主要な戦略タイプを明らかにしている。では，上の競争戦略はどのような場合に適用できるの

か，検討しておこう。

第1に，コスト・リーダーシップは，一般には市場拡大を前提として，低コストを追求する戦略である。この戦略は，規模拡大とともにコストが大きく低下するような産業や市場の成長局面では，市場シェア（占有率）の大きな企業で有効性が高い。

これに対し，市場シェアが小さな企業では，シェアを逆転するのは他の条件が変わらないとすれば難しいであろう。低シェア企業がコスト劣位を跳ね返し競争優位を獲得するのは，一般に新製品開発や顧客満足を高めたりすることなどによってコストの不利を克服できる場合である。新技術や新サービスによってコスト格差を埋め合わす価値がつくり出されなければならないのである。

その意味では，下位企業であったアサヒビールがビール市場で，あるいはミノルタがカメラ市場で，市場シェアの逆転を実現したのは注目すべきことである（再逆転も起こっている）。しかし，自動車における日産，写真フィルムにおけるコニカによる市場シェアの逆転はなかなか実現しない。海外でも，ゼネラル・モーターズに対するフォード，コカ・コーラに対するペプシ・コーラなど，市場地位が長く変わらない例がよくある。市場シェアのトップ企業と下位企業とのシェアの逆転は，市場ではときどき起こっているが中長期的に地位が変化しない業界もあるのである。

第2に，上の3つの競争戦略は，競争を既存の業界構造の中で考えている。それは，市場創造による競争については十分考慮していない面がある。製品ライフサイクルに関していえば，主に成長期や成熟期の行動にかかわり，新しい市場の創造については視野の外にあるといえるだろう。例えば，携帯電話に対してスマートフォンが登場したように，新たな競合する製品市場がつくられることに対して，所与の業界構造での3つの競争戦略の有効性は低くなるであろう。

第3に，3つの戦略類型は，実践的には容易なことではないが両立することが可能である。1つを追求すれば他を追求できないということではない。つまり同時に用いることがありうるのである。例えば，生産活動としての低

3.7　競争戦略　　　93

解説：参入障壁

　　参入障壁とは，企業が新規に市場へ参入するときに乗り越えなければならない障壁をいう。参入障壁が高ければ高いほど，新規に市場へ参入しようとする企業の負担は大きくなるため，その参入意欲はおさえられ，競争は抑制されることになる。航空機生産，自動車組立，粗鋼生産，医薬品開発，原子力発電，石油開発，半導体生産などは参入障壁の高い業種である。反対に，参入障壁の低い業種には，出版，食品，雑貨，各種小売店，修理業，各種サービス業などがある。主な参入障壁には次のものがある。

　　第1に，規模の経済性。これは，一定期間内の絶対生産量あるいは取引量が増えるほど製品（または製品を生産する作業）の単位当たりコストが低下することをいう。第2に製品差別化。既存企業のブランド認知が高く顧客がそのブランドから他のブランドへ切り替えることが難しくなることをいう。第3に，巨額の投資。参入する際に生産設備や研究開発などに巨額の投資が必要な場合である。第4に，仕入れ先を変えるコスト。ある供給業者の製品から別の業者の製品に変えるとき，買い手に仕入先変更のコストがかかること。第5に，独占的技術を有すること。第6に，原材料の有利な入手。第7に，政府の政策助成金などがある（M. ポーター）。

コストと市場での製品差別化を同時に追求することは矛盾ではないので，可能である。

　革新的なトップ企業では，コスト・リーダーシップと差別化をともに達成するケースが見られるのである。例えば，キャタピラー社は集中的な大量生産による低コストとサービス・部品の供給体制による差別化を同時に達成してきた（W. K. ホール）。しかし，技術革新による独自製品の開発に力を入れるソニーが，低コスト追求に戦略重点をおくことができないように，実践的には両方の戦略を追いかけるのは難しく中途半端になる危険も大きい。異なる戦略は，異質の考え方や行動を要求するからである。

(5)　市場シェアの効果

競争戦略に3つの基本型があるとしながらも，ポーターは規模を追求する

コスト・リーダーシップを中心的戦略に位置づけてきた。つまり，競争において規模や市場シェアの重要性が大きく評価されている。経験曲線も規模拡大の重要性を強調してきた。

そこで，市場シェアの効果について，もう少し検討しておこう。市場シェアとは，市場における個々の企業の売上高が占める割合のことである。この点については，1970年代に市場シェアと業績に関する大規模な調査研究（PIMS研究と呼ばれる）が米国で行われ，「市場シェアが10％違うと投資収益率は5％違う」という仮説が提示された。

市場シェアが大きい，したがって生産規模が大きいということは，コスト優位をもたらし利益面で有利であることが明らかにされたのである。この仮説の意味するところは大きく，企業行動に大きな影響力を与えてきた。これによって，経験曲線の発見とあわせて，企業のシェア拡大，成長戦略の妥当性が裏づけられたのである。

ところが，市場シェアと投資収益率についてその後の研究によって，市場シェアと投資収益率の関係は業界によって異なっていることが指摘されている。規模の経済が小さいかまったく発揮できない業界，非常に細分化された業界では，市場シェアの小さい企業の方が，市場シェアの大きい企業よりも高収益をあげている場合があることが明らかになった。したがって，市場シェアと利益率の関係については，対立的な評価が行われている。

ここでわが国企業の事例から，市場シェアと利益率の関係を調べてみよう。ただし複数事業部門を有する企業は，全体のシェアを計算することもシェアと利益率の関係も複雑で簡単には比較できないから，なるべく事業範囲が限られている専業度の高い企業を選んで比較しよう。いずれも，規模の経済が大きな事業分野の企業である。

市場シェアは，業界全体の売上高に対する個々の企業の売上高の割合で表される。シェア1位と2位企業は，自動車ではトヨタと日産，カラーフィルムでは富士写真フィルムとコニカ，ビールはキリンとアサヒ，粗鋼は新日本製鉄とNKK，タイヤチューブはブリヂストンと横浜ゴムである。

表3-5にかかげた事例では，シェア1位の企業とシェア2位の企業を比べ

3.7 競争戦略

表 3-5　市場シェア 1 位企業と 2 位企業の市場シェアと利益率

製品市場	シェア 1 位企業		シェア 2 位企業	
	シェア	利益率	シェア	利益率
自動車	37.9%	2.52%	21.3%	−2.20%
カラーフィルム	63.0	10.53	20.0	2.89
ビール	46.6	5.82	30.4	7.26
粗鋼	25.5	3.71	10.6	1.02
タイヤチューブ	50.7	12.52	18.1	3.59

（注）　利益率は 1997 年 3 月期売上高営業利益率，シェアは 1996 年，または 1996 年度。
（出所）　『会社年鑑』1996 年，『東洋経済統計月報』1997 年 10,11 月号より作成。

ると，シェア 1 位の企業の利益率が高くなる傾向がある。しかし，第 1 位企業の利益率が常に高いというわけではないことも見て取れる。ごく限られた例であるから，これを一般化することはできないが実態を知る手がかりにはなるであろう。

　因果関係的には，第 1 に，市場シェアが高くなることによって競争力が強まる場合がある。しかし，第 2 に，新製品開発や生産コストに競争力があることによって，市場シェアが高まったと考えるべき場合がある。また，利益率は多くの要因によってきまるものであるから，市場シェアが業績をきめるとは簡単に結論できないことも注意する必要がある。

(6)　企業は何について競争しているか

　市場経済では，市場の参加者は法律や社会の規範の枠内で自由に競争している。競争は，顧客にとってより大きな価値をもたらすような製品・サービスの提供によって行われている。その際，企業は一体何について競争しているのであろうか。また，何が競争上の優位性，つまり競争優位を決定するのであろうか。これまでの議論をもとに，競争の要因について整理しておくことにしよう。

　これまでの分析からわかるように，主な競争要因として考えられる第 1 は，経済効率による競争である。経済効率は，典型的には製品・サービスのコスト効率である。コスト格差がそのまま商品価格に反映されれば，価格格

差を生むことになる（ビールや清涼飲料のようにその保証はない）。つまり，コストの低い方が，競争上優位である。

このように，伝統的に競争を説明する中心的要因は価格あるいはコストである。そこでは，規模の経済や参入障壁が詳しく分析されてきた。

第2に，差別化による競争がある。よく考えてみると，顧客（あるいは消費者）が選ぶのは価格だけではないであろう。例えば，スーパーとコンビニエンスストアで同じ商品が売られていて，コンビニエンスストアの価格が一般には高いにもかかわらず，コンビニエンスストアが多くの消費者を引きつけている。また，高級ブランド品は高い値段でも強い競争力がある。

実際に市場では，価格，品質，アフターサービス，便利さ，デザイン，信用，性能，納期，保証期間，その他が複合的に競争要因として作用している。差別化はこれらの要因において，違いを訴えることである。差別化による競争は，多様な顧客ニーズをとらえることによって行われる。

効率による競争の説明が，企業のコストあるいは生産量という供給側要因を重視しているのに対し，差別化は顧客ニーズに関連して競争を説明している。ニーズは多様であり，顧客はニーズの束をもっている。したがって，企業にとって，顧客ニーズをとらえることが競争優位の獲得に欠かすことができないのである。

この点，ポーターは，競争が業界構造によって影響を受けながら，競争優位が低コストと差別化（品質，サービス，信用，性能など）によってもたらされることを指摘した。市場の競争がコストだけでなく，品質や機能，納期，ブランド，利便性などの差別化によっても行われていることを指摘したのである。今日，市場対応のスピードを競争することが重要になりつつあるが，それは「早さ」によって差別化が行われるのである。

第3に，顧客にとっての価値を生み出す手段としての企業内の様々な活動でも，企業は競争しているといえるだろう。なぜなら，企業内部の様々な活動は競争力を生み出す源泉として重要で，それらについても企業は競争しているからである。つまり，大きな顧客価値を実現する製品やサービスを生み出す活動そのもので，企業は競争している。

3.7 競争戦略　　97

　新製品開発をしたり，新しい技術を開発したり，特許をとったり，新しい取引先を開拓したり，情報システムに投資してニーズを的確に把握するシステムをつくるなどについて企業は競争している。営業マンが一日に訪問する顧客数を増やすことも，新しい取引先を開拓して顧客リストを増やすことも，営業部門にとっては重要な競争である。開発部門が技術力を高め新製品開発に向けて努力しているのも重要な競争である。

　市場で競争が行われる価格や品質はむしろこうした努力の結果で，価格や品質をつくり出すところで実質的な競争が行われている。価値を創造する組織活動こそが重要で，企業はそこで優位に立とうと競争しているのである。

　能力構築のような競争は，「見えない競争」とよばれている。見えないところでの競争も非常に重要なのである。

　第4に，顧客価値をつくり出すには，新製品や新技術でこれまでにない市場を創造することも重要な競争の方法の1つである。既存市場で競争するのではなく，これまでにはなかった新しい市場をつくり出すことができれば，たとえ追随者が出現するとしても一定の期間はその競争優位は強いものがあるであろう。

　ソニーの「ウォークマン」は，ヘッドホンステレオで新しい市場を創造することに成功した。このウォークマンに対してアップル・コンピューターは，2002年にiPodを発売して市場でとって代わっている。ヤマハは，電子オルガン「エレクトーン」を開発し，ピアノとならぶ大きな楽器市場を創造した。ヤマト運輸は宅配便市場を開拓してきた。インターネットで行う事業にもこれまで考えられなかったような市場創造的なものがある。こうした新しい市場をつくれば，これまでと違った次元で競争を先行的に展開できるのである。

　実際，ベンチャー企業には，新しいタイプのサービスで市場を創造しているケースが多い。そして産業の変革期には，市場創造による競争が重要な競争の方法となっている。

　競争の分析は，こうして，効率競争から多様な顧客ニーズの充足とか，組織能力，さらには市場創造に競争要因を広げつつある。これはどういうこと

98 第3章 成長と競争の戦略

表 3-6 競争の要因と事例

主な競争要因	事業例（企業）
低価格・コスト	航空券（エイチ・アイ・エス）
	ハンバーガー（マクドナルド）
	コンピュータ（コンパック）
差別化	和風ハンバーガー（モスバーガー）
	バッグ（ルイヴィトン）
	軽自動車（スズキ）
	化粧品（ザ・ボディショップ）
事業システム	受注販売システム（デル）
	生産管理システム（トヨタ自動車）
	販売情報システム（セブン-イレブン）
	インターネット書籍販売（アマゾン）
市場創造	ウォークマン（ソニー）
	エレクトーン（ヤマハ）
	宅配便（ヤマト運輸）

かといえば，大量生産にもとづく製造コストや価格の競争から，機能，品質といった複数の顧客ニーズの満足が重視されるようになったこと，さらには顧客ニーズの変化に柔軟に対応しながらこれまでにない新製品を開発したり，新しい事業システムをつくることが競争にとって重要になってきたということである。

3.8 中小企業の成長と競争

⑴ 中小企業とは

中小企業とは一般的にいえば，大きな企業に比べて相対的に規模の小さな企業のことである。しかしこれではその基準が漠然としているから，わが国の中小企業基本法（1999 年改正）では，中小企業を数量的に次のように定義している。表 3-7 のように，鉱工業では，従業員数 300 人以下または資本金 3 億円以下の企業である。卸売業では，従業員 100 人以下あるいは資本金 1 億円以下，小売業では，従業員 50 人以下あるいは資本金 5000 万円以下の

3.8 中小企業の成長と競争

表 3-7　中小企業基本法による中小企業の規定（1999 年）

鉱工業	従業員 300 人以下または資本金 3 億円以下
卸売業	従業員 100 人以下または資本金 1 億円以下
小売業	従業員 50 人以下または資本金 5000 万円以下
サービス業	従業員 100 人以下または資本金 5000 万円以下

（出所）『中小企業基本法』

企業であると定義している。

　これを外国の定義と比べると，フランスやドイツ，イタリアでは 500 人未満としてきたが，統一された欧州連合では，従業員数 250 人以下の企業を中小企業と呼んでいる。また，一部の発展途上国では，中小企業とは従業員数 50 人以下の企業のことである。このように中小企業の定義は，業種によって，国や地域によって異なることがある。

(2)　中小企業の成長の実態

　経済において大企業と中小企業の占める比重は，事業所数・企業数や雇用でみるとほとんどの国で中小企業の比重が圧倒的に高い水準にある（表 3-8）。わが国製造業では，中小企業が占める割合は 1991 年現在で事業所数の 99.5％，雇用の 73.8％である。経済の多数は中小企業によって占められているといってもよいのである。したがって，中小企業が経済の基盤を構成している。その意味では，経済の基盤としての中小企業の技術力や成長力があって経済に活力が生まれる。さらに，経済を支えているだけでなく，経済の変革期には中小企業は新しい産業の担い手となって活躍している。

　革新による経済発展の理論を展開し，経済の動態について鋭い洞察をしてきた J. シュンペーターは，新しい産業は新しい企業がおこすと指摘している。彼は，新規の中小企業が新しい産業の担い手になることに注目していた。他方，A. マーシャルは生物学の類推から，森の中の木が成長するように中小企業が成長すると指摘している。しかしながら，このような中小企業の成長力を評価する見解は，長い間少数意見であった。

ところが現実には，中小企業が成長し大企業になることが多い。1955年から1970年の15年間に中小企業から資本金10億円以上の大企業に成長した企業は，わが国の金融業を除く大企業合計の約17%に相当することが明らかにされている（滝沢菊太郎）。わが国の代表的な企業になった松下電器（現パナソニック）の場合も，創業の「当初は3人で事業をはじめた」（松下幸之助）のである。

中小企業の多くは個人企業や有限会社として設立され存在するが，一部には産業の成長を担い大きく成長する企業がある。1980年代に入って成長力のある中小企業への関心は，理論的にも政策的にも急速に高まった。中小企業が成長すること，そして革新の主体となることが，雇用創出や新産業育成に取り組んでいる先進諸国で注目された。発展途上国は，工業化を支える基盤として部品・材料等の裾野産業の育成が急務であり，中小企業の育成に政策の重点をおきはじめた。

1980年代以降，わが国ではエイチ・アイ・エス，ウェザーニューズ，ソフトバンク，雪国まいたけ，プラザクリエイト，パソナなどの企業が生ま

表 3-8　経済に占める中小企業の割合　　　　　　　　　　（%）

	企 業 数	雇 用	国内総生産
オーストラリア	96.0	45.0	23.0
ベルギー	99.7	72.0	na
カナダ	99.8	60.0	57.2
デンマーク	98.8	77.8	56.7
フランス	99.9	69.0	61.8
ドイツ	99.7	65.7	34.9
イタリア	99.7	49.0	40.5
日本	99.5	73.8	57.0
スペイン	99.5	63.7	64.3
スウェーデン	99.8	56.0	na
スイス	99.0	79.3	na
英国	99.9	67.2	30.3
米国	99.7	53.7	48.0

（注）　データは1991年。ただしスペイン，カナダは1989年。ドイツ，
　　　　イタリアは1988年。フランスは1990年。製造業データ。
（出所）　OECD, *SMEs*, 1996.

れ，すでに株式公開企業に成長している。また，これらに続く新しい企業の誕生と成長が多く見られる。90年代以降には，楽天，グリー，ミクシー，キャンドゥ，ブックオフ・コーポレーションなどが生まれている。米国では，マイクロソフト，サン・マイクロシステムズ，デル，インテル，ヤフー，グーグル，アマゾンのようにベンチャー企業として生まれ短期間に大企業になった例にも事欠かない。とくに，1990年代の情報産業の発達を担ったのは，多くが新しい企業である。

　このように，多くの中小企業が成長し大企業になっている例がめずらしくないにもかかわらず，戦略論の中心的議論である経験曲線，多角化あるいはPPMは，製造業における大企業を中心に考えられてきた理論である。したがって，それらの理論を，中小企業に無条件に適用しても，企業の条件が大きく違うため当てはまらないことがある。

⑶　**事業機会と成長**

　それでは中小企業の成長や競争力は，どのように説明されるであろうか。まずこれまでの戦略論によって最初に考えられるのは，中小企業は，大企業が参入していないような特定の市場分野で事業機会を見い出し，事業を行うという指摘である。これは集中戦略あるいはすき間戦略と呼ばれ，限られた範囲で事業展開することによって事業機会があることを説明している。

　一般的には，集中戦略は経営資源が少ない中小企業に適しているといわれる。特定の分野に集中することによって，資源効率を高め能力を強化して，中小企業は成長することができるというのである。中小企業政策では，中小企業がその産業出荷額の70％以上を出荷する業種を中小企業性分野と呼んで，中小企業と大企業のすみ分けが行われることを指摘している。大企業と中小企業では，事業領域が異なることが多いのである。

　たしかに大企業には，すき間事業への参入を抑制する力が存在する。例えば，1兆円の売上高のある企業が1億円規模の市場に簡単には参入しないだろう。なぜなら，そのような企業にとってその市場で成功したとしても，1％以下の売上高にしか寄与しない小規模市場への参入は，人材，資本，技

術力などの分散をもたらし資本効率を悪くする可能性が高いからである。したがって，大企業と中小企業は，異なった市場にあり，直接競争することは少ないということは，一般的には正しいであろう。

　もっとも，大企業と中小企業が絶対に競争しないとはいえない。子会社によって新しい事業を始めることができるからである。また，規模格差の大きい大企業との間に競争はなくても，少し大きな企業との間には競争が成立する。すき間市場の開拓は中小企業にとって重要な戦略であることは確かであるが，すき間市場には同程度の規模の企業が参入してくる。

　すき間論では，大企業との競争力の逆転がなぜ起こるのか，大企業と競合する市場でなぜ成長するのか十分に説明することができない。中小企業の成長を説明するのに，大企業と中小企業は市場が別であるとして競争を説明するだけでは，十分な説明にはならないだろう。

　こうしたことを考えると，新規企業や中小企業が事業機会をとらえ成長するダイナミズムは，規模の比較論やすき間論でない説明が求められている。これまでに中小企業の成長を説明してきた理論としては，代表的には以下のものが重要である。

　第1に，マーシャルのライフサイクル論は，森の中の木の成長にたとえて中小企業が成長することを説明している。これは生物学からの類推によって企業の成長を説明している。

　第2に，ペンローズは，市場の余剰と未利用資源の利用によって中小企業に成長機会があることを説明してきた。特に，市場の成長が早くて，大企業がそのニーズを満たすことができないとき，中小企業がその市場をとらえることができるとする。また，すぐれた技術を開発したりして，その未利用な資源を活用できれば有利に市場機会をとらえることができるから，成長が可能であると説明する。

　第3に，既存の慣行にとらわれないで新しいものの見方ができるために，中小企業は新しいことができるとするシュンペーターの革新による成長のモデルがある。

　本書では，企業は事業機会を見つけ，独自の価値を創造することによって

競争優位が得られると考えよう。それは，他社の製品やサービスと比較して，独自性のある位置（ポジション）を占めることである。その地位を維持し強化することによって，競争優位がつくられる。このようにして競争優位が得られたとき，成長が実現すると考えるのである。

　具体的には，独自性のある地位は，製品市場の種類，顧客ニーズの充足，顧客へのアクセス，の3つの次元で考えることができる（ポーター）。それは，誰に，何を，いかに提供するかについて独自性をもつことである。

　第1に，製品市場の選択である。企業は新しい市場を創り出すことができる。また，これまでとは違う市場細分化を行って新しい市場セグメントを開拓する，あるいは既存市場のすき間を見つけるのである。「違ったものをやれば競争相手はいない」というのは，独自製品を開発して大きな市場シェアを保持するある企業家の言葉である。

　第2に，顧客ニーズの充足については，新しい顧客ニーズを発見する，あるいは未充足の顧客ニーズを開拓する，品質，サービス，利便性，機能などで，より大きな価値をつくり出したり，新しい観点から新たなニーズをとらえることである。

　第3に，顧客へのアクセスは，組織で生産したものを顧客に届けるまでのプロセスにかかわっている。それは，技術や事業システムの開発と革新を行う企業の能力の形成にかかわっている。技術，生産システム，商品管理システム，物流システム，直販システムなどが含まれる。

　このように企業は，市場分野，顧客へのサービスと顧客満足，技術や事業システムなどにかかわって，他の企業にはない独自性をもつことによって事業を展開する機会を手に入れることができる。とくに，新規企業や中小企業には，独自の位置づけを行う有利性があると考えられてきた。

　その理由は，第1に，中小企業では既存の業界慣行にとらわれることが少ないからである。実際，ベンチャー企業として成長している企業の中には，新しい事業コンセプトをもつものが少なくない。第2に，設備や事業方法で固定費が少なく，新たな方法の採用による痛みが少ないからである。大規模な工場や設備，人員をかかえる企業は，その負担から逃れられないが，中小

企業はその制約から比較的自由である。第3に，これまでの業界の主流でなく，業界慣行とは異なる考えの企業家が，強い革新意欲をもつ場合があるからである。

このように，新しい事業機会は多く存在し，中小企業がその機会をとらえて事業化する可能性がある（図3-15）。そして市場，顧客ニーズ，顧客へのアクセスが結びつけられたときに，事業は具体化される。

格安航空券市場を開拓して成長したエイチ・アイ・エスは，大手旅行代理店が手をつけなかった分野で独自の戦略ポジションを構築し成長してきた。警備保障のセコムは，電話帳にものっていない事業であったが，新しい可能性があると考えて，警備保障という事業を始めたという。マイクロソフトは，IBM が圧倒的な競争力をもつコンピュータ業界で，ハード市場には参入せず独自の基本ソフトを開発することによって，独占的な支配力が問題とされるまでになった。インターネットが普及するや，インターネットによる多くの販売・サービス事業が登場してきた。新しい産業の発展があるかぎり，今後も多くの新規企業が生まれるであろうことは歴史が示している。表3-9 は，1980 年代以降に株式を公開した企業とその事業内容の例をかかげて

図 3-15　事業機会と主な取り組み

```
                ┌── 市場分野の選択
                │        新しい製品コンセプトで市場を創り出す
                │        既存市場を新たな基準で細分化する
                │        新しい用途を開発する
                │        すき間市場を開拓する
                │        成長産業の関連分野を開拓する
事業機会 ────────┼── 顧客ニーズの充足
                │        未充足のニーズを開拓する
                │        新しい製品機能を開発する
                │        安い価格で提供する
                │        良い品質を提供する
                └── 顧客へのアクセス
                         新しい製品技術・生産技術を開発する
                         事業の仕組みを革新する
                         物流情報システムを革新する
                         業務効率を高める
```

3.8　中小企業の成長と競争　　105

表 3-9　株式を公開している企業の事業例

会　社　名	事　業　内　容	設　立　年	株式公開年
エイチ・アイ・エス	格安航空券販売	1980	1985
雪国まいたけ	まいたけ生産	1983	1994
オークネット	中古車オークション	1984	1991
ソフトバンク	携帯電話	1981	1994
共立メンテナンス	寮の管理運営	1979	1994
コモ	天然酵母パン	1984	1997
パーク 24	駐車場事業	1985	1997
ファンケル	無添加化粧品	1981	1998
太田花き	花き市場	1989	1997
タカショー	ガーデニング用品	1980	1998
ドン・キホーテ	ディスカウントストア	1980	1996
ワタミ	居酒屋チェーン	1986	1996
良品計画	無印食品販売	1989	1995
ウェザーニューズ	気象情報	1986	2000
ぐるなび	飲食店情報サイト	1989	2005
ブックオフ・コーポレーション	中古書販売チェーン	1991	2004
キャンドウ	100 円ショップ	1993	2001
アスカネット	デジタル画像処理	1995	2005
ガリバーインターナショナル	中古車買い取り	1994	1998
楽天	仮想商店街運営	1997	2000
ミクシー	SNS ゲーム	2000	2006
ノバレーゼ	結婚式場運営	2000	2006
エスエムエス	介護・医療人材紹介	2003	2008
グリー	交流サイト運営	2004	2008

（出所）　『有価証券報告書総覧』より作成。

ある。

　歴史的にも，成功した企業は，しばしば競争の枠組みを変え，新たな事業の仕組みをつくりだしてきた。より大きな顧客満足を提供するだけでなく，新しいニーズを見つけ新たな顧客満足を創造している。その意味で，企業成長は，単に既存の市場をつかむのではなく，むしろ広い意味で，独自の事業価値をつくりだし，新しい満足次元や市場を創造するプロセスである。

(4)　持続的成長の条件

　様々な段階にある無数の製品ライフサイクルから構成される経済では，技術革新に成功したり，急成長をとげる企業が常に存在する。ところが，そう

した企業でも市場から消えていく場合がある。

　組織や戦略の観点からは，創業した企業が持続的に成長するためには，少なくとも次のことが必要である。

　第1に，組織としての能力を継続的に高めなければならない。市場の発展に応じて求められる製品やサービスが変わってくる。したがって，社会の変化に適応しながら社会的に価値のある製品・サービスを開発すること，それに必要な資源・能力を獲得することが，企業の存在価値を高め維持する上で不可欠である。上にあげた企業の例でも，事業機会の発見に独自性があっただけでなく，その事業展開を継続して追求したことによって事業の独自性がたしかなものになっている。

　その際，様々な組織活動をまとめて，製品・サービスの供給を効果的に行うためには，組織の資源や活動のバランスを保つ必要がある。生産と販売のバランス，事業拡大と資金のバランスなどが必要である。

　第2に，成長過程では，戦略の発展と変革が必要で，事業の再定義が必要になる。これはよくドメイン（自社の事業領域）の再定義と呼ばれる。市場条件が変わり，それまでの戦略が想定していた前提条件が変わるからである。

　製品ライフサイクルの発展があり，市場規模も導入期から成長期には大きく拡大する。すると，市場には新たな企業の参入があり，特に大企業が参入してくる場合がある。そのとき，競争相手が増え，市場の競争相手や競争方法が変わってくる。大企業は優位な資本力，技術力，販売力を用いて，市場の不確実性と投資リスクが減ったときに短期間に市場へ参入することができる。したがって，それらの状況に対応した新しい戦略の構築，事業の再定義が必要になる。

　第3に，組織の管理体制を刷新することが必要になる。成長にともなう組織規模の拡大は，組織のコントロールや意思決定のプロセスを複雑にする。そのため，リーダーシップが失われ統制がとれなくなる，コミュニケーションに時間がかかり不正確になる，組織の管理機構が形式化を強めるなどの弊害がおこる。したがって，成長につれ事業を定義しなおすとともに，将来の

3.8 中小企業の成長と競争

> **事例：経営者の一言**
> ① 「夢を形にする勇気と努力」が大切である。（シャープ佐々木正顧問『電子立国日本の突破口』）
> ② 父親からはそんな電話帳にも載っていないような商売はするなといわれた。それでも電話帳に載っていない，日本にまだない仕事だからこそ市場があるし，やりがいがあると考えた。
> 　アイデア以上に大事なのは途中でやめないことだ。面倒くさいといっていては事業の成功はおぼつかない。逆に辛抱強く続けていれば，必ず道が開けてくる。（飯田　亮セコム会長，日経産業新聞，1993年3月9日）
> ③ みんながハッピーになれる事業は必ず成功する。逆に言えば，自分だけが成功し，かかわった誰かが不利益をこうむるような事業はいつか必ず破綻する。（エイチ・アイ・エス澤田秀雄社長『「旅行ビジネス」という名の冒険』）

展望をもちながら資源・能力を獲得し管理組織を整備することは，中小企業にも大企業にも必要である（図3-16）。

こうして，成長の過程では，戦略の柔軟性が求められると同時に，その戦略の遂行のために組織の柔軟性と組織能力の向上が求められる。特に，中小企業は，成長段階に応じて組織の中に成長の壁が出現し，成長が制約されるといわれる。企業の成長段階に応じて発生する組織課題を解決することが不

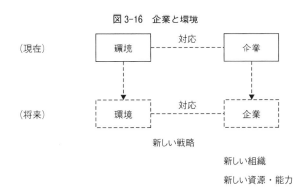

図3-16　企業と環境

可欠である。

(5) ベンチャー企業

　ベンチャー企業とは，独自性の高い新しい技術や製品・サービス，コンセプトをもって事業を始める新規企業をいう。ベンチャーとは本来冒険的事業を意味する言葉である。したがって，ベンチャー企業というときには，高いリスクを受け入れ事業に乗り出す企業家精神があり，アイデアや独創性に重きをおく新しい企業を意味することが多い。

　わが国では，革新的で知識集約型企業をさしてベンチャービジネスという概念が1970年代に清成忠男，中村秀一郎によって使われてきた。今日では，ベンチャー企業とベンチャービジネスはほぼ同じ意味で使われている。中小企業政策では，ベンチャー企業という言葉を新事業に挑む中小企業を含め広く解釈して使う傾向がある。

　1990年代になってベンチャー企業育成が重点的政策として取りあげられるようになった。その背景にはいくつかの要因がある。

　第1に，円高やそれにともなう生産の海外移転によって基幹産業の成熟化が進んだことである。そこで新しい産業をおこし産業構造変革を円滑に進めるために，新規企業，ベンチャー企業の育成が求められるようになった。第2に，1990年代になって基幹産業の雇用が減少し始め，失業率が上昇している。製造業の雇用は，1992年にピークをつけてから減少を始めている。失業率を抑制し雇用を創出するためにも新規企業育成が求められている。第3に，地域経済を活性化させ，地域産業の国際競争力を強化するために新規の企業育成が必要になっている。

　こうして，ベンチャー企業は，産業構造の変革の中で新しい産業の担い手，雇用創出の担い手として期待されている。成功しているベンチャー企業の経営では，次のいずれか1つあるいは複数の特徴が見られる。

　第1に，市場創造的である。

　第2に，技術革新的である。

　第3に，明確な理念と目標をもっている。

第4に，顧客志向が強いことである。

第5に，システム革新的である。

新しいコンセプトで製品やサービスをとらえ，事業の革新を行い，競争上の優位性をつくり出している企業が多い。新しいビジネスには，それまでと違う新しい価値があることによって機会が広がるのである。もちろんベンチャー企業には，成功ばかりではなく失敗例も多い。米国では，ベンチャー企業は多産多死であるとする考えが一般的である。創業はしても生き残るのは数％であるともいわれている。

わが国のベンチャー企業の失敗原因を検討すると，それにはいくつかの共通要因を指摘できるであろう。

第1に，技術の過信である。自社の技術の優秀さを過信してしまうことである。技術それ自体の評価と市場での顧客価値の違いを軽視したり，価格と性能のバランスを考えなくなることがある。

第2に，過大な設備投資をしやすいことである。成長への過大な期待が，ゆきすぎた投資を招いてしまうことがある。また大量生産にも経験が浅く，生産システムの管理がうまくゆかないことがある。

第3に，販売・マーケティング機能が相対的に弱いことである。販売力が不足すること，そしてそれを無理に拡大しようとすると，販売組織・広告宣伝への過大な投資となる。

第4に，資金不足に陥りやすいことである。株式市場からの資金調達が不可能な場合はいうまでもなく，株式市場からの調達が可能な企業でも，事業拡大と資金需要のバランスを欠いて，運転資金が不足することがおこりやすいのである。

ベンチャー企業に対して資金を供給する投資会社をベンチャーキャピタルという。創業を促進するためには，ベンチャー企業に対する初期段階での円滑な資金供給と経営支援を行うことができるベンチャーキャピタルの育成が必要である。そして，旺盛な企業家精神にあふれた人材が育つ教育環境，社会風土の醸成が求められている。

3.9 革　　新

(1) 革新とは何か

革新（イノベーション）が産業や社会に与える影響は著しいものがある。
20世紀を振り返ると，自動車，コンピュータ，原子力，半導体の登場はその代表的なものであろう。1990年代に起こってきた情報技術革新もまた，産業や社会に大きな変革をもたらしている。

革新について経済学的な観点から最初に理論的な分析を行ったのはシュンペーターである。シュンペーターは，革新とは「新結合」であり，経済発展の原動力であると考えた。彼は，革新によって経済の発展を説明したのである。シュンペーターは，経済の発展が外部環境によって動かされた変化ではなく，経済自身の中から生み出す「軌道の変更」である革新によってもたらされるとした。軌道の変更をもたらす革新とは，連続的な変化によっては到達しえないようなもののことである。

彼によれば，革新とみなされるのは，具体的には次の5つである。

第1は新製品の開発，生産である。

第2は新しい生産方法の導入である。

第3は新しい販路の開拓，すなわち新しい市場を開拓することである。

第4は新たな原料供給源を獲得することである。

第5は新しい組織の実現，すなわち，独占的地位の形成あるいは独占の打破をいう。

このように，シュンペーターは，技術の革新だけでなく組織の変革や販路の開拓などを含めて革新と呼んでいる。今日的な例では，店頭販売からインターネットによる通信販売に転換する通信販売方法の革新，宅配便システムの開発，アウトソーシング（外部委託）を利用した供給体制の変革，製造・流通・販売の統合システムの構築など事業システムの革新が行われている。こうした革新が企業に新しい事業機会を与え，成長を可能にする。そして経済の発展は，こうした革新によってもたらされるとシュンペーターは主張し

たのである。

　なお，革新性の程度によって革新を分類すると，ラディカル（急進的）な革新とインクリメンタル（漸進的）な革新に分けられる。経済発展に関心があったシュンペーターの革新の概念は，体系を変える大きな革新を意味している。それは創造的破壊と呼ばれ，非連続的なラディカルな革新を意味している。

　しかし他方で，企業は，日々小さな改善・改良を重ねながらすぐれた品質の製品や生産効率を実現している。そのことは大きな革新に劣らず重要な場合がある。経験効果によって実現するコスト低下や競争力は，小さな革新の積み重ねによってもたらされる部分が大きい。同様に，新しい事業システムも，常に改善され効率化や機能強化されることによって競争力を維持できる。したがって，改善・改良を行うインクリメンタルな革新も，経営的にはきわめて重要である。

　特に，市場条件が相対的に安定している場合には，効率追求が重要性を増すために，効率を高めるように小さな革新の積み重ねが競争力を大きく左右することがある。価格競争においては，生産性向上や歩留まり率向上のような改善による効果が大きな意味がある。市場での競争力を確保するには，いずれの革新も重要である。

(2)　革新と成長の関係

　企業はなぜ革新を行い，それにしのぎを削るのであろうか。それは要約的にいえば，第1に，新しい製品や生産技術が新しい価値を生み，製品やサービスの価値を高めることができるからである。第2に，より大きな価値があれば，それによって既存の製品・サービスよりも強く顧客に訴えることができ差別化することができるからである。第3に，差別化することができれば，市場での競争力を獲得することができる。第4に，競争力があれば，成長機会を手に入れることができるからである。

　革新によってもたらされる事業方法とか競争要因の変更は，既存企業の競争力を急速に失わせる可能性がある。タイプライターに対するワープロと

か，LPレコード盤に対するCD，携帯電話に対するスマートフォンの登場などではそれが現実となった。このように技術革新は，市場条件を大きく変える効果がある。製品および生産技術の革新の他にも，事業システムの革新は，まさに「軌道の変更」となって産業あるいは市場の性質そのものを変えてしまう可能性がある。

なお，先駆的な革新者でありながら，市場での地位を保てないケースも多い。先行企業として優位性を維持することもあるが，後発企業によって競争上の地位が逆転することがある。新製品が出たり新技術や新規格がでるときに逆転がおこりやすい。VTR業界では，ソニーがベータ方式の技術を先行的に開発し優位性があったにもかかわらず，結果的にはビクター・松下のVHS方式グループが業界標準を獲得した例がある。

今日では製品機能の革新にもとづく優位性は比較的短期間に失われていく。開発力のある競合企業が多く，製品開発のスピードが速いからである。特許のような技術優位でもその後の技術変化・改良をフォローしないと，事業の優位性を保てないことは多い。

そこで企業は，改良を重ねてその技術優位を保つとともに，製品の機能だけでなく，ブランドや流通，組織文化，信用などの要素を組み合わせて，簡単に模倣できないような事業の全体的仕組みをつくって事業の優位性を確保しようとするのである。

(3) 技術革新と企業規模

企業の大規模化が進み，大企業が経済の中で重要な位置を占めるようになって，大企業と中小企業が技術革新においていかなる役割を果たしているかについて関心が集まり，多くの研究が行われてきた。それは，企業規模が技術革新や創造性とどのように関連するか研究してきた。端的にいえば，大規模であることが技術革新にとって有利なのか小規模であることが有利なのか論じてきた。

一般には，大企業は次の点で規模にもとづく優位性があると考えられている。第1に，研究・技術開発に従事する人的資源が多い，第2に，情報の入

3.9 革　新

手ができ分析能力がある，第3に，経営能力や専門知識を有する，第4に，資金調達力がある，ことである。

　大企業優位論は，大企業は開発資金の豊富さ，優秀な人材を多く抱えることによって高度の技術を有することができ，現代の技術革新はこのような巨大企業によって遂行されているとみなすのである。組織の規模が大きければ大きいほど，豊富な資金力によって大規模な研究開発投資や大量の人材確保ができるため，その組織の革新能力は高いと考えられてきた。

　こうした大企業によって担われる経済的役割を歴史的な発展の方向であるとして，現代の技術革新は大企業によって行われており，大企業は中小企業に比して優位性があると主張する意見が強まった。1960年代や70年代には企業規模の拡大が続き，大企業が経済を支配しているという認識が強まり，この主張は広く受け入れられた。

　しかしながら，大企業優位論にはいくつかの問題点があった。そのうちの1つは，企業規模の優位性と革新における優位性を同義的に扱うことであろう。これは大企業は相対的に規模が大きい，つまり人材や資本や技術において豊富な資源を有するから，革新において優位であるという考えなのである。しかし，厳密には，企業規模は革新と同じではなく，さらにはまた規模と市場での競争優位とも同じではない。

　たしかに，規模が大きいことが有利な産業分野も存在する。大企業によって行われている発明や発見も多い。しかし，発明および初期段階の開発や初期投資の資金が少なくてすむ産業，参入障壁の低い市場条件の下では，適度の資源があれば小規模であっても事業展開は可能である。1990年代に発達してきたインターネットは，従来のように設備をもたなくとも企業の事業展開を容易にしている。市場への参入障壁を低くし，小規模企業による事業展開の制約が少なくなっているのである。

　また，企業の内部条件を見ると，小規模組織では新しい考え方を取り入れることに抵抗が少ないのが普通である。したがって，新しい環境機会に対して企業家精神に富んだ柔軟な対応ができる中小企業は，むしろ思考や慣行の転換に有利であると考えられる。規模が小さいために小回りがきくあるいは

意思決定が速いなどの有利性が指摘されている。産業や社会の転換期には，こうして中小企業による革新の機会が豊富にあると考えられる。

3.10　国際化する経営

(1)　国際化する理由

　2章で述べたように，事業が海外に展開されることを経営の国際化という。経営の国際化は急速に進んでいる。今日の経済活動は，ボーダーレス化（国境がない）していると言われている。それほどに現在の各国経済や企業の活動は，国際化が進んでいる。

　そして企業が国内市場の外で生産したり製品・サービスを販売したりするとき，その戦略を経営の国際戦略という。国際戦略を決定するとき，企業は，どのような機会があるのか，どのような資源・能力にもとづいて国際戦略を展開するのか，どのように競争優位を獲得することができるのか，十分に検討して国際化を進めなければならない。

　国際化に成功すれば，企業は，①市場を拡大できる。つまり事業を成長させることができる。②投資利益率が高まる。③規模の経済や範囲の経済を実現できる。④競争優位を手に入れることができる。したがって，国際化は，企業が成長し競争力を手に入れるために極めて重要な選択なのである。

(2)　海外市場参入方式

　では，どのように海外市場へ参入することができるのか，海外市場への参入方法について説明する。海外市場への参入は，一般的に，①輸出，②ライセンシング（技術協定），③フランチャイジング，④買収，⑤海外直接投資，の方法がある。海外市場への接近は輸出から始められるのが普通である。企業の中には海外販売が売上高全体の5割を超える企業もあれば，国内販売中心の企業もある。輸出によって海外市場の情報が蓄積され，現地市場をよく理解できるようになると，次第に海外での直接的な事業展開を考えるように

なる。

　ライセンシングは，すぐれた技術を他の企業に供給してそれによる生産を認める技術協定を結ぶことである。日本企業は，かつてはライセンシングにより多くの技術を外国企業から購入し国内での生産を行ってきたが，現在では技術開発が進み優れた技術をもつ企業も多くなって，逆に海外企業へ技術を供与するケースが増えている。ライセンシングは，直接投資の費用がからず，リスクも少ないので行いやすいが重要な技術を他企業に公開することを意味している。

　フランチャイジングは，コンビニや外食産業などで多く利用されている経営方法である。海外へ事業を展開するときにも国内で事業を展開するときにもいずれも利用が可能である。国内市場でのフランチャイズ展開は，コンビニや外食産業のほか，ガリバー・インターナショナル（中古車買い取り），ブックオフ（古書販売），公文教育研究会（学習塾），などでも見られる。また，日本に進出しているザ・ボディショップ，日本マクドナルドなどもフランチャイズ方式を採用している。

　次に買収は，海外企業を買収して海外市場へ参入し，補完的な経営資源あるいは組織能力を獲得する方法である。買収は市場への参入が迅速にでき，必要な資源・能力を一気に獲得できるために国際的事業展開でよく利用される。

　海外直接投資は，企業が海外に製造子会社や販売子会社を設立して事業を行う投資のことである。直接投資は，事業を国際化するもっとも重要な手段である。直接投資では，人材はもちろん，機械・設備，技術，ノウハウ，事業の仕組み，さらには組織文化も海外へ移転される。

⑶　グローバル戦略とマルチドメスティック戦略

　海外へ進出するとき，その事業をどのような方針で運営するのかという点について，グローバル戦略とマルチドメスティック戦略と呼ばれる2つの重要な方法がある。グローバル戦略は，事業を本社の指示する戦略のもとで全体が最も効率よくなるように各国市場へ標準化した製品を提供する方法であ

る。これに対し，マルチドメスティック戦略は，各国の市場に合わせてそれに対応するように現地事業に権限を付与し，一定の自立性を持たせて経営を行う戦略である。各国の海外市場が発達し，きめ細かな対応をする必要が強くなり，市場条件に合わせた多様な取り組みを行うときにこの戦略が選択される。

(4) 所有政策

　海外事業について，大きな決定の一つがその所有政策である。海外事業の所有は，100％所有（完全子会社），過半数所有，50：50所有，少数所有に分けられる。パートナーがいる事業は合弁事業であるが，特に50％以下の所有を通常は合弁事業と呼んでいる。100％所有は投資企業が経営権を100％持ち，経営に干渉されることがなく経営方針を貫くことができる。これに対し合弁事業は，事業のパートナーがおり，それとの調整のうえで意思決定を行わなければならない。パートナーはリスクの一部を負担し現地市場の情報を提供する反面，経営について影響力を持つので，しばしば経営の制約となる。パートナーとの意見対立が原因で合弁事業を解消することもよく起こりうる。その意味で，パートナーの選択は海外合弁事業成功の鍵を握っている。

第 4 章
組織の設計と管理

4.1 組織とは何か

(1) 組織の時代

　組織とは何かについて，分かりやすくするために具体的な例から考えてみよう。たとえば，自動車会社，鉄鋼会社，食品会社，保険会社，運輸会社，銀行，病院，学校，市役所などいずれも組織である。この他にもスーパーマーケット，放送局，郵便局，プロ野球球団，農協，消防署，労働組合など，われわれの周りには実に多くの組織がある。よく見ると，現代社会においてはほとんどの活動が組織を通して行われている。組織がなければ今日の生活を維持することは不可能であろう。現在の豊かな生活は，企業組織の活動によってもたらされている。

　組織が重要であるのは，それが社会の中で大きな役割をはたしているからである。その上，組織で働いている人のほとんどが，一日の活動時間の大半を組織で過ごしている。組織は，そこで働く人々に対して強い影響力を行使している。

　したがって，社会的に大きな存在となっている組織を適切に機能させることはそこで働く人にとっても社会にとっても重要である。社会の健全な発展や雇用条件の改善にとって，組織の性質を理解することの意義は大きい。労働組合が経営側に経営の近代化や賃金制度，雇用制度の提案を行うことができるのは，経営状態や賃金制度に詳しい情報をもつからである。同じように，株式会社の統治機構を理解できれば，社会はその弊害を除いたり適切な方向に指導することができるであろう。

そこで本章では，現代の企業組織がどのようにつくられ管理されているのか，組織の理論を明らかにするとともに，実際の組織の設計と管理を検討することにしよう。そして，組織の国際的な比較から日本企業の組織の特徴を理解し，最後に，企業統治（コーポレート・ガバナンス）について考えることにしよう。

(2) なぜ組織をつくるのか

ところで，人はなぜ組織をつくるのであろうか。自明ともいえる疑問であるが，それは，個人の能力に限界があり，個人では達成できないことを他の人と協力して達成しようとするからである。分担して協力して仕事を行えば，大がかりな仕事や高度に専門的な仕事でもできるようになる。また，分担すれば地理的に離れた場所でも同時に仕事ができる。

組織をつくることによって専門化して能率をあげ，社会や市場のニーズに応えることができる。より多くの資本や人材を集めることによって，大規模な仕事が早く効率よくできるようになる。

経済が発展するにつれ，今日ではますます高度な技術や製品が求められ開発されている。自動車，航空機，コンピュータ，通信衛星などを部品から一人でつくるのは不可能であろう。このように現代の産業活動は，大規模な組織で多くの人が協力することによって行われてきた。

多くの人が集まって一緒に仕事をする組織には，必ず役割の分担がある。大勢の人で分担することによって複雑な仕事をこなし，仕事がはかどるのである。このように仕事を分割して分担することを分業という。分業とは，仕事を細分し特定の活動に集中する専門化と言い換えることができる。

多数の人が集まって協力して仕事をしている組織では，仕事の分担としての分業はより高度になる。分業は組織の中だけでなく，組織と組織の間でも行われる。組織間で行われる分業のことを社会的分業という。自動車のような加工組立型産業では，1000社にも達する協力企業，下請企業によって支えられて部品生産が行われている。

そして分業は調整をともなって意味ある活動となる。分業を行い，分業さ

れた仕事をいかに調整しまとめるかが組織には不可欠である。企業の活動には，労働力，資本，原材料などが基本的要素として必要である。しかし，組織の組織たるゆえんは，単に人や設備，資本がどれだけあるかということが重要ではなく，それがまとめられ調整された活動となって機能することにある。そして，分業にもとづく調整を有効に行うには，協働する人々のコミュニケーションを円滑に行い，能力を引き出すように動機づけるリーダーシップが必要である。

　こうして組織研究では，組織にかかわる様々な課題を取りあげてきた。例えば，組織の構造と発展，組織管理の原則，官僚制組織の特質，組織と環境の関係，組織文化，組織構造と戦略の関係，国際化の組織などが取りあげられてきた。組織研究は，組織の構造や機能，組織の中の人間行動など広範囲にわたっている。

(3)　組織の意味

　会社，病院，学校などが組織であるといえば具体的で分かりやすいが，「組織とは何か」という組織の概念になると，様々な見解がある。組織の概念は，組織のどの側面をとらえるかによって違ってくる。組織では多数の要因が複雑に関係しているために，何に注目するかによって多様な説明が行われてきた。

　組織は具体的な形態としてとらえられたり，あるいは抽象的な性質によってとらえられたりしている。人間の身体の構造を中心に取り扱う解剖学のような見方もあれば，循環器系や消化器系の働きを扱う生理学のような見方もある。組織を分業と調整の仕組みによって説明する見方は，職務や構造に大きな関心を払い，構成員の内面への関心は薄い。他方，組織を情報処理や意思決定のシステムとする見方は，機能や問題解決行動を重視している。

　理論を構成する概念は分析のための用具であるが，たいていのすぐれた理論は新しい概念を開発し提示している。新しい概念は，組織の新しい側面を照らし今まで説明されなかった性質を明らかにする。そのため，その概念には理論の特徴が見事に現れる。ここでは企業組織の概念について，代表的見

解を4つ取りあげよう。

　第1に，組織とは，職務の体系であるという考えである。つまり，この見解では，組織は各個人に割り当てられている仕事の分業と調整の仕組みである。これは，仕事の体系を中心に組織を説明する理論にみられる概念である。

　会社や行政の組織図が表すのはこの側面である。外国の会社の組織図には，それぞれの地位の責任者の名前が入っていることがある。組織図は誰がどの地位にあり，どの仕事の責任をもつのか責任と権限の所在を示している。また，誰が誰に報告するのかという報告関係も示しているのである。

　第2に，組織は，人間関係のネットワークであるという考えである。非公式組織を発見したとされる人間関係論は，組織は個人としての感情や欲求をもつ人々の相互作用として成り立つとしている。

　第3に，組織とは，一定の目的を達成するために2人以上の人々の意識的に統合された人間の活動や諸力の体系（システム）である。この見解は，組織は2人以上の人が協働する協働体系であるとみなしている。これは近代組織論の創始者となったC. I. バーナードの用いた概念である。ここでは組織はあくまでも抽象的なシステムとしてとらえられている。協働体系としての組織をつくり，それを維持することが経営の中心的課題である。

　第4に，組織は，情報処理を行う意思決定システムである。これはバーナードの理論を発展させたH. A. サイモンが提唱した概念である。この概念を中心に，サイモンは意思決定論という分野を新たに切り開いた。意思決定論では，組織は情報処理システムとしてとらえられている。組織の中の人間はいかなる階層にある人でも，意識的あるいは無意識的に何らかの情報を受け取りそれを処理している。情報の処理，選択は意思決定を行うことであり，意思決定者あるいは問題解決者としての人間が考えられている。

　以上のように，組織のとらえ方は1つではない。これまでの代表的な組織観として，上にあげたものの他に，「政治システムである」，「資源の束である」，「知識創造の母体である」，「生涯発達の場である」，「多次元的重複集団である」，そして「センスメイキング（意味形成）としての組織化」をあげることもできる（金井壽宏）。

組織のとらえ方はこのように多様で，分析しようとする目的にしたがって組織概念が定義されてきた。そして，異なる組織概念は，互いに補完する内容を含みながらも異なる理論体系をつくりあげてきた。

しかし本書では，簡略に，「組織とは，一定の目的を達成するために集まった人々の協働の仕組みである」と定義しておこう。そして，企業の範囲と組織の範囲を同じであると扱うことにしよう。

4.2　組織の中の人間モデル

企業経営は，組織に参加した人々が協働して一定の目的を達成しようとする活動である。したがって，そこには必ず組織があり，役割を担って活動する構成員がいる。それゆえ，人間に対する見方が必ず存在する。企業組織における人間観，つまり人間モデルについては，代表的なものとしては，経済人，社会人，自己実現人の3つがある。

第1の経済人とは，人は経済的利益によって動機づけられるという仮説である。この仮説は，アダム・スミスが，人間の経済的行動に注目したことから始まった。彼は，人間をホモ・エコノミックス（経済人）と呼んだ。

この仮説は，もともと市場で自由に取引をする企業家を想定した考えである。このために，人間の動機づけを経済的要因のみによってとらえようとしている。しかし，この考えを従業員にあてはめると，目的が決められていて経済的な行動の自由が限られるので，一方的に刺激を受ける受け身の人間としてとらえられることになる。この仮説にしたがえば，従業員は受動的な道具であって，指示を受け仕事を実行することはできるが，行動を自ら起こし影響力を行使することはできないと仮定されてしまうのである。

長い間，人間は労働力を売って賃金を得る存在とみなされてきた。19世紀や20世紀はじめには確かにこのことの意味は大きく，その事実を示すものも多い。E. エンゲルスによる『イギリスにおける労働者階級の状態』，山本茂実の『あゝ野麦峠』などには，食べるために働いている人間の現実がリ

アルに描かれている。労働力を売る存在であるという人間観に立つと，人間は道具であり機械の一部として扱われるようになる。

第2に，社会人の仮説は，人は安定感や帰属感に対する欲求をもつと仮定する。社会人の仮説は，人間を人との相互作用の中で認められたり，尊敬されたり，愛情や友情を求める存在であると考える見方である。

この仮説は，ホーソン実験から生まれた人間関係論に見い出すことができる。社会人という言葉に含まれる社会とは，語源的には結合の意味がある。したがって社会的とは人と人との相互作用があることを意味している。英語のsocietyは，ラテン語の結合を意味するsocietas（ソキエタス）からきているのである。

第3に，自己実現人の仮説は，人間は自己実現の欲求をもつ存在であると仮定する人間観である。自己実現欲求とは，人間が自分らしく生きたい，自分の才能を発揮したい，生きがいのある仕事をしたいなどの自己の成長への欲求のことである。自己実現の欲求を実現するために，人間は努力し，能力を高めようとする。人間には自己実現欲求があり，意味のある仕事をしたい知的なことに挑戦したいと考えるならば，問題解決を志向する人間が描かれることになろう。

主要な人間モデル
① 経済人の仮説
② 社会人の仮説
③ 自己実現人の仮説

上にあげた3つの仮説は，それぞれ人間の重要な側面をとらえている。しかし，そのどれか1つが人間の全体を説明するかというとそうでもないことがわかる。これらの仮説は，人間の特定の側面をとらえているのである。人間はこれらの仮説が説明するいずれの側面ももっている。そこで，第4の人間モデルとして，人間はこれらの全部の側面をもつ複雑人である，と主張されるようになった。つまり，人間は，あるときには経済的欲求が重要であり，あるときは自分らしく生きて仕事をすることを求め，あるときは人間関

係を大切にしてそのために仕事にうちこむことがあるのである。複雑人の仮説は，こうした人間の欲求の多様性を認めた考えである。

　豊かな時代，高学歴の時代になると，従業員の動機づけにはますます工夫が必要になる。単調な仕事やきつい仕事は，単に経済的報酬がよいだけでは長く仕事意欲を引き出すことは難しくなる。そのため，次第に生きがいや自己実現を重視する動機づけが必要になっている。

4.3　組織理論の発展と特徴

　組織概念と人間モデルについて説明したので，次に組織理論の主な理論を紹介しよう。まず，議論を整理するために，これまでの組織理論をその特徴によって分類してみよう。

　分類の基準としては，組織の合理性に関する次元と，組織構造の開放性に関する次元の，二次元によって理論を分類する方法がある。合理性に関する次元は，人間の欲求や動機を問題にするか否かを取りあげる。つまり，経済的には必ずしも合理的でない人間の欲求や動機を問題にするか，それとも経済的合理性の追求を仮定して欲求・動機を固定的に考えるかである。ここで合理的とは，行為にムダがなくもっともすぐれた結果をもたらすという意味である。他方，組織構造に関する次元は，環境に対して組織が開放的か閉鎖的かを問題にする。この分類方法は，二次元の組み合わせによって組織理論を4つのタイプに分類することができる。

　4つのタイプとは，組織構造と動機づけの組み合わせから，次のようになる。第1のタイプは，（閉鎖的組織，合理的人間），第2のタイプは，（閉鎖的組織，非合理的人間），第3のタイプは，（開放的組織，合理的人間），第4のタイプは，（開放的組織，非合理的人間）である。このように，組織が開放的組織（オープンシステム）であるかどうか，人間の動機や欲求が考慮されているかどうかということが，組織理論を分類する上で基本的な基準となっている。

誤解のないようにつけ加えておけば，現実の企業組織は，市場から労働力，原材料，資金の諸資源を獲得し，製品・サービスを生産して市場に供給している。その意味では，組織は常に外部環境とのかかわりをもつ開放的システムである。しかし組織研究として，外部環境との関係を所与として閉じた組織内部を分析しているか，それとも，外部環境とのかかわりをとらえながら組織が研究されているかは大きな違いがある。開放的であるか，閉鎖的であるかは，理論が組織をどのように見ているかであって，現実の組織の性質ではないので注意が必要である。

上の分類を歴史的に見ると，第1に，20世紀初頭に，大規模な近代工場が出現し，工場管理が経営の中心課題であった。そこで，所与の外部環境のもとで分業による内部効率が追求され，機械的な合理性を追求することが組織研究の中心となった。組織の内部効率が問題とされ，組織は閉鎖的システムとして研究されてきた。

第2に，それに対し，人間には感情や欲求があり人々の間に成立する人間関係を取り入れた組織研究が登場した。組織を構成する個々人に注目し，人間的側面を考慮に入れ，組織を生き物のようにみなす有機的組織観が登場する。しかし，組織の外部環境との関係ははっきり説明されておらず，組織は閉鎖的システムとしてとらえられている。

第3に，戦後になって市場や技術の変化が激しくなったため，外部環境への組織対応が重要な時代になってきた。環境に開かれた開放的システムとしての組織の視点を重視するようになった。環境への戦略適合や革新が重視されるようになった。

このように理論は，時代の課題を反映しそれを解明しようとして発展してきた。科学的管理法や管理原則論は効率性を重視した理論の代表である。人間関係論は人間を重視した理論の代表である。外部適応を重視しているのは，コンティンジェンシー理論（contingency theory, 条件適合理論）である。

これらの理論が解明しようとしていることは，第1章で述べた経営の基本的課題にまさに対応している。現実の企業は，これらの課題に同時に取り組む必要がある。いずれの課題も，今日の企業にとって重要な課題である。企

4.3 組織理論の発展と特徴 125

表 4-1 経営組織論の分類と比較

理　　論	組織設計基準	組織構造	動機づけ
科学的管理法 管理原則論 官僚制組織論	効　率	閉鎖的	合理性
人間関係論	人	閉鎖的	非合理性
バーナード・サイモン理論 コンティンジェンシー理論	組織均衡 適合性	開放的 開放的	合理性と 非合理性

業はその課題の同時的解決を必要としながらも，時代の要請の中で理論は順
次発展してきた。そのため，いかなる組織を有効とみなしたかは，課題をど
こに求めるかによって異なってきた。

(1) 科学的管理法の考え

1) テイラーの主張

経営学は，大規模化する工場で，作業能率をいかにあげるかを研究するこ
とから始まった。大規模工場が出現するのは，産業革命によって蒸気機関や
紡績機等の発明が行われ，それに続いて鉄道が発達して大きな市場が出現し
てきた 19 世紀後半からである。

近代経済学の基礎を築いてきたアダム・スミスの分業の考えをもっともよ
く受け継いだのは，F. W. テイラー（1856-1915）であり彼が提唱した科学
的管理法である。彼は分業の考えを押し進めて，個々の作業を科学的に標準
化し管理することによって，工場での作業能率を高めることを提唱した。科
学的管理法が登場した背景には次のことがあった。

当時の大規模工場では労働者の組織的怠業によってその能力は十分発揮さ
れず，作業能率が落ちていた。組織的怠業とは，本来能力があるにもかかわ
らず，故意に仕事をのろのろと行うことをさしている。調査の結果，そこで
は作業の能率をあげると不当な賃金率カットが行われるなどしたため，仕事
をする意欲を失わせていることが明らかになった。欠陥のある賃金制度にも
とづく管理方法に問題があることが明らかになったのである。

これに対し，製鋼会社の機械技師であったテイラーは，合理的な課業管理の考えを追求し，時間研究や動作研究による課業の分析を行った。課業とは，作業者が1日に遂行すべき前もって計画された仕事を意味している。テイラーは，その研究をもとに，後に科学的管理法とよばれることになった管理方法を体系化して，1903年に『工場管理』，1911年に『科学的管理の諸原則』にまとめその考えを発表している。

科学的管理法は，動作研究や時間研究によって作業者の動きを分解し，1日の標準作業量を科学的に決定し作業方法を標準化した。動作研究は，作業に要する作業者の身体の動きを細かく分解し効率的な動きを調べることである。他方，時間研究は個々の動作について要する時間を調べ1日の標準作業量を決めることである。

科学的管理法による課業管理は，要約すると次の5段階の手順にまとめることができる。第1に，分析しようとする作業について，一流の熟練した人を選び出す。第2に，その作業を行っている熟練労働者の一人一人の動作を正確に調べる。第3に，個々の動作に必要な時間を，ストップウォッチで計測し，もっとも速くその作業を遂行する動作を選択する。第4に，効率の悪い，不必要な動作を取り除く。第5に，もっともよい道具とともに，動作を1つの流れに集約すること，である。

こうして課業を合理的に管理する方法が示された。その課業管理は，簡単に言えば次の4つの原則にもとづいて行われる。すなわち，①高い課業目標の設定，②作業条件の標準化，③目標を達成した場合には高い賃金を与える，④達成しない場合には賃金を下げる，ことであった。

「管理の主な目的は使用者の最大繁栄とあわせて従業員の最大繁栄をもたらすことである」と考えたテイラーは，科学的管理法によって管理を行えば，従業員に対して30%から100%の高い賃金を支払うことさえできることを実例をもって示している。

2) フォードの実践

当時，科学的管理法の考えを積極的に導入し工場の近代化を実行したのは，1903年にH. フォードによって設立され，1908年にはT型車の生産を

4.3 組織理論の発展と特徴 127

始めたフォード社であった。同社は，次の点を達成している。第1に，分業によって大きく生産性をあげることができた。第2に，生産性向上によって，製品コストの大幅な引き下げを達成することができた。フォード社は，大量生産方式の導入で自動車価格をそれまでの約三分の一の水準にまで下げた（図3-5）。第3に，価格引き下げによって競争優位を実現したフォード社の市場シェアは，1921年には55%を超えるまでに高まった。

解説：アダム・スミスの分業論

　　近代経済学の出発点を築いたアダム・スミス（1723-1790）は，その著書『国富論』（1776）の中で分業の考えを打ち出した。スミスによれば，分業は生産力を高める最善の方法である。スミスが用いた例では，1人の職人がすべての必要作業を自分で行ってピンをつくるときに，1日に1本つくることができるとすると，作業工程を18工程に分業して10人で仕事を行うとその生産量は1日48000本にもなる。つまり，1人当たりでは1日4800本生産できるというのである。こうして，スミスは，分業にもとづく組織がいかに大きな生産性をあげるか示した。

　　スミスは，分業するほど専門化され，生産性が高まると考えたのである。そして，それが国を豊かにする基礎であると考えた。生産性が上昇する理由として，スミスは，技巧の増大，時間の節約，道具や機械の発明をあげている。このような分業・専門化によって仕事の効率をあげることは，現代でも経済を動かす基本的な力となっている。対象を要素に分解して専門性を高めることが生産性をあげるという考えは，経済活動だけでなく西欧的な科学の根本精神になっている。

　　分業という重要な経済原理を発見したスミスであるが，その分業論には重要な仮定がおかれている。第1に，人間の仕事意欲について一定であるとすることである。しかし，能率をあげるためにできるだけ単純な作業に仕事を細分して仕事を続けるというのは，人間にとって仕事の意義をなくし，やがて仕事意欲を失わせることをこの分業論は過小評価しているのである。

　　第2に，分業した仕事の調整については，神の見えざる手によって自然に調和が得られると仮定されている。しかし，分業すればそれを管理するために調整が必要になるのが普通である。この点につ

いて，自由で独立した企業家による市場での取引を念頭におき，今日のような大規模な組織の出現を見ていなかったスミスは，組織の中の調整の重要性を考えていなかった。

実際には，組織においては，調整のない統合されない活動は目的を効果的に達成することができない。組織にとっては経営資源および活動の統合こそが重要な問題である。組織は分業とともに調整の仕組みなのである。

第3に，分業の原理にもとづいて自由な競争を主張したスミスは，自由な競争が経済効率や経済発展をもたらすと考えた。しかし，自由な競争を貫けば市場の独占や経済的な弱者が生まれるが，それを社会にどう位置づけるかについて詳しく分析しなかった。

高齢者の医療・年金，自然環境，失業者救済などの問題は視野の外におかれ，これらの問題は後に政府に委ねられるようになる。さらに現代社会では，自由競争を追求するとき，国内では政府がはたしている福祉や貧富の格差是正の役割を，国際的には誰もはたすことがなく市場の力に委ねられることになる。これらは今日では無視できない問題になっている。

こうして，作業を科学的に管理して効率をあげるという科学的管理法の考えは，フォード社にめざましい成果をもたらした。その成果は，工場で働く労働者にも分配され，フォード工場の労働者は他の会社の労働者よりも高い賃金を受け取ることができた。

このように科学的管理法を基礎として展開された大量生産方式は，分業した仕事がきびしく統制されることによって高能率を達成することを示した。この結果，20世紀の産業活動においては，大規模であることの優位性が明らかになるとともに，分業にもとづく大量生産方式が支配的となった。

フォードは，「われわれが従業員に期待するすべてのことは，彼らの前におかれた仕事をすることだけである」と述べている。機械のように決められた仕事をすることだけを作業者に求めたのである。そして，当時の企業には，「よい組織とは，規則と厳格な階層にもとづくものである」（ミンツバーグ）という考えが支配するようになるのである。

R. H. ヘイズとG. P. ピサノによれば，1980年代初めまでの米国大企業の

大部分の経営者は，この考えを受け入れていたという。すなわち，「仕事は分割され，専門家に割り当てられる時に最も能率的に遂行されること，経営者やスタッフ専門家は，労働者が仕事の遂行に集中できるように思考活動に集中すること，すべての生産工程には一定量の変化つまり欠陥率があること，組織内のコミュニケーションは厳格にコントロールされ階層的な命令連鎖をとおして処理されるべきこと，………作業は体系的に，論理的順序で厳格な監督のもとで組織され遂行される」と広く考えられていた。

科学的管理法による課業管理の原則
① 科学的方法によって高い課業目標を設定する
② 作業条件を標準化する
③ 目標を達成した場合には高い賃金を支払う
④ 目標を達成しない場合には賃金を下げる

チャプリンの映画『モダンタイムス』（1936）は，大量生産方式の特徴を風刺的にとらえている。チャプリンは，近代的な工場でベルトコンベアの横で単純作業に従事する人を描いている。大量生産工場では人間が機械の一部のように扱われることによって，人間性に欠けることをチャプリンは批判したのである。

しかし，科学的管理法は，それまで経験や勘に頼っていた管理方法（成行き管理という）に代わる，1つの合理的な方法を提示した。今日でも，科学的管理法の思想は，インダストリアル・エンジニアリング（IE, 経営工学），人間工学に受け継がれ，生産管理システムの設計に生きている。どのような生産管理システムであれ，できるだけ効率よくムダのないようにつくろうとするであろう。身近な例でいえば，マニュアルにしたがった仕事の遂行や，ビデオ撮りによって作業の動きを観察しその動きを改善することなども，科学的管理法の延長線上にある考えである。

3) 科学的管理法の問題点

科学的管理法の貢献は大きいものがあった。そして同時に限界もあった。

第1に，仕事を機械的に細分し単純化することによって，仕事の効率は向

上させられるが，単調労働による仕事意欲の喪失を見落としたことである。あまりに細分化された単調な仕事は，仕事の意味も喜びも失わせてしまうのである。やがてそれは，効率をも低下させるのである。

第2に，科学的管理法による大量生産方式では作業の標準化が行われ，作業者が主体的に柔軟に仕事に取り組むことができないようになっていた。個々の作業が標準化されることによって，作業内容が固定され弾力性を失うのである。

第3に，大量生産方式では，作業者の動機づけに関して，経済的報酬によってのみ動機づけられると考えていた。したがって，後に問題となる人間関係や自己実現欲求について配慮することがなかったのである。人間の仕事意欲が経済的報酬に影響されることはたしかであるとしても，経済的報酬のみで人間の行動を説明できないのは，すでに説明した人間モデルでわかるであろう。

(2) 管理原則論の考え

1) 管理とは何か

続いて，企業活動の観察にもとづいて，管理とはいかなる仕事なのか明らかにする理論が発達してきた。それは，管理の原則を組織観察によって思索し抽出して管理の理論化を行っていて，管理原則論と呼ばれている。代表的な見解は，H. ファヨール（1841-1925）によって示されたもので，ファヨールは，経営者がいかなる管理職能を遂行しているかということを，自らの体験をもとにした観察と思索によって明らかにした。

彼は，管理を予測（計画），組織，命令，調整，統制の5つの職能に分けた。そしてその職能が実行されるときの法則性を見い出したのである。それが管理原則と呼ばれるもので，14の原則が指摘された。それは，①分業，②権限，③規律，④命令の一元性，⑤指揮の一元性，⑥個人的利益の一般的利益への従属，⑦公正な報酬，⑧権限集中，⑨階層組織，⑩秩序，⑪公正，⑫従業員の安定，⑬創意，⑭従業員の団結，である。

その中でも，特に5つの原則が有名である。それらは，現在では，「命令

図 4-1　ファヨールによる企業活動の分類

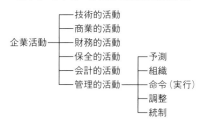

一元化の原則」,「専門化の原則」,「権限委譲の原則」,「管理の幅の原則」,「階層短縮の原則」, と呼ばれている。管理職能はこれらの原則にしたがって遂行される, と考えたのである。このように, 管理原則論は, 経営者の管理職能（機能）を過程に分けて考察している。そのため, 管理原則論は管理過程論とも呼ばれている。

2) マネジメントサイクル

また管理原則論によれば, 管理の職能は一連の過程から成り立ち, 管理は1つのサイクルをなしている。そこからマネジメントサイクルという考えが導かれた。それは, プラン, ドゥー, シー（plan-do-see）と呼ばれ, 経営を計画―実行―統制のサイクルの中で実践することを教えている。この考えは, 現在でも企業の実践ではよく用いられている。実践では, プラン, ドゥー, チェック, アクションとして用いられる場合が多い。

例えば, 世界的に広まりつつあるISO（国際標準化機構）のプログラムは, 計画, 実行, レビューが基本である。国際的な企業では, ISO14001のプログラムを計画, 実行, レビューに沿って実行することが不可欠になりつつある。また, マルコム・ボルドリッジ全米経営品質賞も,「計画, 実行, 確認, 行動」というサイクルで経営を実践しその質を高めようとするものである。このように, プラン, ドゥー, シーは, 依然として管理の基本的思考として役立っている。その思考のもとで, 詳細なマニュアルが作成され, 具体的に実行する工夫がなされている。

ところが他方で, 管理原則論に対してはきびしい批判が行われている。発見された管理原則は正しいように見えるが, よく吟味すると, 例えば管理の

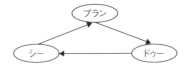

図4-2 マネジメントサイクル

幅を狭くすることと管理の階層を短くすることのように，対立する内容が含まれるからである。

> **5つの管理原則**
> 命令一元化の原則：部下は一人の上司からのみ命令を受けなければならないという原則
> 専門化の原則：組織の構成員はできるだけ専門化した業務活動を担当するという原則
> 管理の幅の原則：一人の長が監督する部下の数には適正な規模があるという原則
> 階層性の原則：組織は命令の連鎖の階層をつくり，権限と責任を明確にするべきであるという原則
> 権限委譲の原則：反復的な仕事の処理や決定は，責任と権限を部下に委譲されるべきであるとする原則。上司は，非定型的な問題の意思決定に責任をもつべきであるとする。例外の原則とも呼ばれる。

　管理の幅を狭くすれば階層が増える。反対に階層を短くすれば，管理の幅を広げることになる。問題は，どちらを選択すれば合理的なのか，対立的な原則をどうやって組織で実行するかについて管理原則論では具体的な指針がないことである。管理原則が具体的にどのように適用できるか，明確に説明しなかった点に問題があったのである。

　とはいえ，管理には一定の幅があること，組織が階層をなしてつくられていることは否定することができない事実である。そして，組織全体の管理について原則を明らかにしたのは，ファヨールの大きな貢献であった。

　また，管理原則論の方法論的特徴である経験からの知見と思索をもとに，実践的な考えを発達させる思考は，現代でも企業経営者には広い支持を得て

いる。すぐれた経営者による経営論は，企業経営者の間では説得力をもって受け入れられてきた。従来，経営者の経験や勘と見られていたことが，理論的に次第に説明できるようになってきている。

(3) 官僚制組織論の考え

1) 官僚制組織の特徴

19世紀後半にドイツに生まれた M. ウェーバー（1864-1920）は，社会学，政治学，経済学などの広い範囲にわたって大きな業績を残している。ウェーバーは，官僚制（bureaucracy）の組織理論を展開したことによって経営組織論に独自の位置を占めている。官僚制理論は，支配の類型に関連して研究されたのでまず支配の類型から説明することにしよう。

ウェーバーは，人々の間で成立する命令と服従の関係である支配について，3つの類型を抽出しその特徴を説明した。それによると支配には，伝統的支配，カリスマ的支配，合法的支配の3つの類型がある。

第1に，伝統的支配は，宗教的伝統のような古くから行われてきた伝統のもつ神聖さと権威を人々が受け入れ，支配を正当とすることによる支配の形態である。現在でも一部のイスラム国家では宗教的伝統にもとづいて国王が選出され，国家を動かす最大の力となっている。

第2に，カリスマ的支配は，ある人の超人的力とか模範的資質によって人々がその影響力を受け入れることによる支配である。カリスマとは，神の賜という意味で，英雄などにみられる特別な資質をいう。例えば，歴史上の人物として織田信長やナポレオンは強烈な個性の人でカリスマ性があったことが知られている。

第3に，合法的支配は，法律ないし法規化された秩序にもとづいて，支配が正当であると受け入れられる形態をいう。首相や大臣，あるいは社長や部長はそれぞれの仕事を任せるにふさわしいということで選ばれ，その地位についている。その地位にともなう合法的権限を行使することによって，その職務を遂行し責任をはたすことができる。このように合法的支配にもとづいて成立する組織の典型が官僚制組織である。

ウェーバーは，官僚制を，官庁や大規模な経営体等において見られる客観的な規則と権限の体系からなる，高度の形式合理性をそなえた組織の形態である，とみなした。官僚制は，大規模な組織では避けることができない特性で，機械のように効率よく正確に動く合理的な組織の純粋型（理念型と呼ばれる）モデルとして示された。

官僚制理論の登場は科学的管理法と同じ頃であった。科学的管理法のテイラーと官僚制組織論のウェーバーはほぼ同時代を生きている。両者は，方法論的にも内容的にも，非常に異なる立場から組織のあり方を研究したが，機械のようにつくった組織が技術的にすぐれていることを認めた点は大変よく似ていて，その見方は機械的組織観と呼ばれるものであった。

ウェーバーによれば，純粋型モデルとしての官僚制組織には次のような特徴がある。これらの特徴が強まれば強まるほど，行政組織や大規模会社は官僚制化しているとみなされる。

官僚制組織の特徴
①　職務は明確に定められた規則によって行われる
②　各職位には権限と義務が明確に定められている
③　明確な上下関係があり，階層的である
④　職務の専門化と分業が行われる
⑤　職務は文書にもとづいて行われる

官僚制組織の合理性が主張された時代の背景には，縁故や門閥などによって運営される組織が存在した。そのため，19世紀末から20世紀初めにかけてのまだ大規模組織が生まれたばかりで，近代的な専門的な経営が行われていなかった時代に，機械のような合理性をもつ組織が近代的組織と見えても不思議はなかったのである。それは，ちょうどテイラーが機械化された能率的な工場を近代的組織としてとらえたのに似ている。20世紀初頭の資本主義経済では，機械化することが近代化であるといってもよかったのである。

もっともウェーバーは，官僚制組織が能率的であることは認めたが，官僚制組織では革新への意欲が失われたり仕事意欲が低下するであろうことはす

でに理解していた。

2) 官僚制の働き

こうして官僚制組織は，機械のような正確さを有する合理的組織の純粋型モデルとして提示された。機械のように正確に仕事をすることは，効率の点からは大いに意味のあることである。

例えば，市役所での住民票の発行は，一定の様式の申込書を書き込めば短時間で行ってくれる。仕事の処理手続きがプログラムとして決められていて，それに沿って機械的に能率的に処理が行われるのである。もしそのプログラムがなければ，プログラムのないコンピュータに仕事をさせるように，毎回手続きや決定基準を作成して決定しなければならないだろう。それはいたって非能率的であろう。

こうして官僚制の長所は，第1に機械のように動くことによって能率的であること。第2に行動にともなう結果を予測できる可能性が高いこと。第3に，正確な行動が期待できるために，構成員の行動を統制できる可能性が高いことである。伝統的支配あるいはカリスマ的支配の組織と比較すると，官僚制組織は，合理性があること，公正で客観性があることが強調されたのである。

行政組織に限らず，企業でも大学でも国連のような国際組織でも，組織が大規模になれば規則や手続きが定められ，一定の形式化が進むことは避けられない。規則や手続きがあるから組織は混乱なく動くことができる。しかし，官僚制が合理的で能率的な組織である反面，形式化にかかわる予期せぬ働きがあることがその後わかってきた。期待した働きである順機能に対し，この予期せぬ働きあるいは意図せざる結果を逆機能と呼んでいる。

3) 官僚制の逆機能

官僚制の逆機能とは，官僚制に見られる意図せざる結果のことで，それには次のものがある。第1に，手段の目的化がおこることである。これは手続き・規則が次第に固定され，それを守ること自体が目的になってしまうことである。これは目的の転移とも呼ばれている。もともと手段であった手続き・規則が目的になると，組織は形式主義的性格を強めるようになるであろう。

第2に，没人間性である。官僚制は，仕事をする上で，個人の恣意的な裁量を排除し規則にしたがって機械のように公平に仕事をしようとする。そのため，人間性をおさえた組織として，仕事を機械的に処理する傾向がある。いわば，人間味を感じさせない機械的に事務処理をする組織の性格をもつようになるのである。

第3に，手続きや規則が目的化すると，規則や手続きを守ることが優先され，外部条件の変化に柔軟に対応することができにくくなる。組織が硬直化して，外部条件への適応力が低下することである。革新的決定ができなくなったり，意思決定に時間がかかるようになってしまうのである。柔軟性をなくしたり権威主義が強まるとき，企業組織は大企業病にかかっているといわれる。

第4に，事務処理が，画一的になりやすいことである。

第5に，権限が決められ，規則や手続きによって仕事をするために，相互に協力したり，柔軟に対応することができないセクショナリズム（なわばり主義）に陥りやすいのである。

やがて，官僚制という言葉は，複数の意味で使われるようになった。第1に，ウェーバーがとらえたような合理的な組織機構の意味のほかに，第2に，その具体化としての官庁の行政機構の意味，第3に，硬直化した大規模組織の意味である。そして今日では，官僚制のマイナスの側面が強調される傾向がある。しかし，ウェーバーによって始められた官僚制の研究は，逆機能の研究に発展しただけでなく，マクロ的な構造分析を示しており，その後の多くの組織研究を刺激していることも評価しなければならない。

4）　官僚制を超えて

官僚制組織は，きめられた仕事を規則やマニュアルによって機械のように正確に早く処理することに長所があった。それは目的が与えられた状況の下で，効率的に機能するようにつくられている組織である。同じことを繰り返し行うのであれば，プログラムをつくっておいてその通りに処理すれば効率的に処理することができる。プログラムにしたがって処理することができる仕事であれば，機械的に組織を運営することは合理的である。実際，個人に

しても組織にしても，その行動は多くのプログラムにしたがって行われており，それによって効率よく行われている。

他方でそれは，その帰結として，行動の硬直化と目的・価値の固定化をもたらすことがある。それが過ぎると，プログラムあるいは規則を機械的に受けとめ，きめられた通りにする，あるいは先例に従って処理するという行動になる。しかし，それでは変化する環境の中で柔軟に仕事をすることができないだろう。長期的には，いかなる組織でも仕事の方法を変えたり戦略を適切に選択し決定することがその存続にとって大切である。そして，その目的達成にふさわしい組織をつくり，人々の協働意欲を引き出すことが大切である。

官僚制化した組織では，先例はいかにつくられたか，また先例に従うことが目的に対する手段として合理的であるかどうか，という点が忘れられやすい。新たな先例をつくる柔軟な対応が否定される所に，官僚制組織の限界があるといえよう。

したがって，大規模化した組織がきめられた手続きによって機械のように動くとしたときに，組織の外部環境への適応能力をどのように確保するか，そして，さらに効率を高めるためにいかに人々の協働意欲を引き出すかが，組織の課題となる。

官僚制の逆機能
  ① 手段が目的化する
  ② 没人間性が強まる
  ③ 組織が硬直化する
  ④ 画一的な事務処理が行われる
  ⑤ セクショナリズムが生まれる

---

(4) 人間関係論の考え

1) ホーソン実験

1924 年に，アメリカのウェスタン・エレクトリック社という電機会社のシカゴ郊外にあるホーソン工場で，1 つの実験が始まった。それは工場の名前をとってホーソン実験と呼ばれている。当初の実験の目的は，照明度が作

業能率に与える影響を調べることであった。

　科学的管理法では，作業条件を改善すればそれに応じて作業能率が決まると考えていた。したがって，この実験には，科学的管理法が考えていた「作業条件が作業能率を決める」という仮説を検証する意味があった。もし科学的管理法の見方が証明されるならば，企業は作業能率を高める原因を知ったことになり，どのような作業条件にするかを工夫すればよいことになる。それは企業経営にとって大きな力となるであろう。

　しかし，照明度と作業能率に関する実験からは，照明度と作業能率の間に一貫した関係が得られなかった。照明を明るくしても能率はあがったし，反対に照明を暗くしても能率があがったのである。そこで，1927 年からは E. メイヨーや F. J. レスリスバーガーというハーバード大学の研究者が加わり，中心メンバーになって本格的な実験となった。この実験は 1932 年まで続き，長期間にわたる大規模な研究となった。こうしてホーソン工場での一連の実験は，照明実験，継電器組立室実験，面接調査，配線室観察実験からなっている。

　継電器組立室実験では，照明，休憩の回数，労働時間を変えたり，スナックおよびボーナスを支給したり止めたりして実験を行った。ところが，作業条件の変更にもかかわらず，能率は上昇し続けた。作業条件が作業能率に関係するということが，一貫した関係としておこらなかった。

　なぜ予想に反した結果がおこったかについて，その原因の探求が面接調査によって行われ，次の点が明らかになった。第 1 に，実験の対象として選ばれた人たちが，選ばれたことによって意識を高めたこと，第 2 に，集団の中で，1 人だけ怠けていると他のメンバーに迷惑がかかるため，他のメンバーと良好な関係を保とうとする行動がおこり，仕事の能率があがったこと，第 3 に，作業者に自由裁量の余地があり，権限が与えられ仕事の動機づけを強めたこと，などが影響していることがわかったのである。

　2）　ホーソン実験による発見

　ホーソン実験は，当初想定していた作業条件が作業能率，つまり生産性に影響するという仮説を証明することはできなかった。というより科学的管理

4.3 組織理論の発展と特徴　　　　　　　　　　　139

表 4-2　ホーソン実験の過程

	期　　間	実 験 内 容
照明実験	1924-27	照明度が作業能率にどのように関係しているか調べる
継電器組立室実験	1927-32	休憩時間，労働時間，賃金などが作業能率に与える影響を調べる
面接調査	1928-30	従業員の行動が何によって影響されるか従業員の意識調査を行う
配線室観察実験	1931-32	職場の社会集団が個人の行動に与える影響を調べる

図 4-3　科学的管理法と人間関係論の仮説

（科学的管理法）　　　　　作業条件　──────▶　生産性

（人間関係論）　　　　　　人間関係　──────▶　生産性

法の考えを 180 度転換する結論に達し，経営学の歴史に残る重要な新しい発見をした。

　それは，第 1 に，生産性向上は，作業条件でなく，仕事意欲を表すモラール（志気）により，そのモラールは人間関係によって影響されることを実験は指摘したことである。簡単にいえば，「人間関係が生産性の原因である」ことを発見したのである。こうしてホーソン実験は，分業を進め課業管理を行えば，生産性をあげることができると考えてきた科学的管理法の考えに対し，新しい仮説を示したのである。

　第 2 に，集団では，人と人との相互作用の中で集団固有の規範（判断や行動の基準）が生まれ，それが個人心理に影響し，仕事意欲を高めたり失わせたりすることが明らかにされた。仕事の組織の中に非公式な人間関係の集団がつくられ行動に作用していたのである。

　つまり，ホーソン実験では，自然発生的な人間関係の集団が存在することが発見されたのである。この集団のことを非公式組織（インフォーマル組織）という。

　公式組織とは，会社とか市役所，病院，学校などのふだんわれわれが理解している一定の目的をもって成立する組織のことである。そこでは，きめら

れた役割構造があって活動が行われている。これに対し非公式組織とは，職場における個人的な接触や相互作用を通して自然に生まれる集団である。通常，公式組織には非公式組織がコインの表と裏のように存在している。ホーソン実験の発見によって，公式組織に対して非公式組織という概念が提起され，経営組織研究が人間的要素を取り入れる大きな一歩となった。

第3に，ホーソン実験は，人間を帰属や愛情への欲求をもつ存在としてとらえ，社会的欲求によって動機づけられることを指摘したのである。実験の対象として選ばれ注目されたことによって，メンバーの団結心が高まり，生産性によい効果があることをホーソン実験は明らかにした（この効果をホーソン効果という）。

公式組織とは異なる，非公式な人と人とのつながりである人間関係が重要であるのは，人と人の間には相互作用があり，その人間関係によって行動が影響されるからである。ホーソン実験によって，人間のもつ感情や欲求という，経済効率からみれば非合理的な（しかし全人的にはまったく正当な）側面が行動に与える影響が理解されたのである。

3) 人間関係論の影響

第1に，人間関係論は，その発見によって組織の中の人間行動，集団の運動法則などの研究を刺激し，後の行動科学，動機づけ理論，リーダーシップ論の発達に大きな影響を与えることになる。

第2に，実践的には，人間には人に認められたり評価されたいという欲求があること，そして仕事意欲を高めるためにはその欲求を刺激したり，参加的経営を行うことが重要であることが強調されるようになる。

第3に，科学的な実験にもとづいて大規模な実証研究を行ったホーソン実験は，実証主義的な研究方法を刺激した。人間関係が生産性の原因であるという結論は，厳密性の点では問題を残しているが，この時代に約10年の年月をかけて実験を重ね，事実を解明しようとしたことの研究上の意義と影響は大きかった。

にもかかわらず，米国の企業経営の現場においては，科学的管理法や管理原則論の考えが深く根づいていた。強い個人主義と機能的契約関係を原則と

4.3 組織理論の発展と特徴 141

した社会では,「よい組織とは,規則と厳格な階層にもとづくものである」として,機械的あるいは合理的な組織観が強く支配していた。したがって,人間関係論は,第二次大戦後の米国企業にブームとして受け入れられ広まったものの,組織編成の原理や経営思想としては必ずしも主流ではなかった。それは支配的考えに対するアンチテーゼとして強調され,受け入れられた。

それというのも,人間関係論は非公式組織中心の理論であって,公式組織の原理を説明する理論ではなかったのである。そのため人間関係論は,経営管理の基本思想というよりは,人事提案制度,自己申告制度,職長の訓練プログラム,適性検査などの実践的な労務管理的な手法として導入されることとなった。

(5) **コンティンジェンシー（条件適合）理論の考え**

1) 条件適合の意味

自然科学に典型的に見られるように,従来,科学とは現象の中にある原理や法則を明らかにするものであると考えられてきた。そしていかなる状況においてもあてはまるのが法則であると考えられてきた。そこでどんな状況でも当てはまる法則を追求する科学であろうとした経営学は,組織には唯一最善の組織構造があると考え,その組織構造を追求してきた。組織内部の仕組みを合理的に最善のものをつくることができると考えてきた。

科学的管理法は,そうした取り組みの典型であった。科学的管理法は,徹底した能率追求には課業の科学的管理によって合理的に行うことが有効であると考えたのである。ファヨールの管理の一般理論も,普遍的な管理原則について述べたものであった。

これに対し,1960年代になって,それまでの普遍的な唯一最善の組織構造あるいは組織原則を追求することとはまったく異なる考えが登場した。「市場環境や技術の状況によって,条件依存的に有効な組織構造がある」と考えるコンティンジェンシー理論が提示されたのである。

T. バーンズとG. M. ストーカー,P. R. ローレンスとJ. W. ローシュ,J. ウッドワードなどがこの理論を展開した。一般に条件適合理論とかコンティ

ンジェンシー理論と呼ばれている。コンティンジェンシー（Contingency）とは，耳慣れない言葉であるが，偶然性，特殊性という意味である。形容詞のコンティンジェント（contingent）には，「——を条件として」，「——に付随して」の意味がある。したがって，ある条件のときに特定のことが生起するとするならば，条件依存的で，それはコンティンジェンシーの考え方だということになる。

たしかに，市場条件の変化が大きい場合と，市場条件の変化が小さい場合では組織のあり方に違いがあることは容易に想像がつく。例えば，環境条件が大きく変化するときに仕事の内容や仕事の仕組みも変わらなければ，仕事はうまくいかないだろう。反対に，市場環境や仕事の内容が変わらないのであれば，いったん効率的につくられた組織を変える必要はないであろう。

こうして組織には，機械のように決められた通りの動きをする機械的組織と，個々の部分が互いに結びつき作用しながら全体を構成し，生き物（有機体）のように外部条件に反応する有機的組織があるということが明らかにされた。そして，安定した環境では機械的組織が，変化する不安定な環境では有機的組織が適していることが，指摘されたのである。

コンティンジェンシー理論の基本的主張は，「特定の環境条件には，それに適合した組織がある」，そして，「適合関係があるとき，組織は有効である」ということである。つまりこの理論は，組織を環境との関係においてとらえ，環境条件に適合的な組織が有効であることを明らかにした。

このように，有効な組織は環境条件との適合関係にある組織であるという考えを展開するのは，最適な組織は1つしかないと考えてきた経営理論としては，非常に大きな前進であった。

2）　マイルズとスノー

しかし，さらに研究を進めていくと，同じ産業の中でも，つまり市場環境

図 4-4　環境と組織の適合関係

安定した環境　—————————　機械的組織

不安定な環境　—————————　有機的組織

が同じであっても，違った組織形態が有効であることが明らかになってきた。同じ産業にあっても，違った戦略や組織をもちながら市場ニーズに応え，業績をあげている企業がある。同一業界で競合している企業はむしろ，互いに戦略，組織の形態，企業文化などが違っている場合がよくある。そしてそれぞれが存続し有効に事業を営んでいる。

　こうして，同一産業にありながら，その中でもいくつかのタイプの企業が存在し，さらに技術と組織とリーダーシップの間にも一貫した適合関係があることがわかった。

　この点に関して，R. E. マイルズとC. C. スノーは，企業の戦略・組織のタイプを4つに分類してそれぞれのタイプに顕著な特徴があることを示している。4つのタイプは，第1は防衛型，第2は先行型，第3は分析型，第4は反応型と呼ばれている。

　防衛型は，狭い製品分野で競争優位を有する事業を展開している場合に，その地位を防衛する姿勢の企業タイプである。先行型は，新しい事業機会を探求し革新を行おうとする企業タイプである。分析型は，上の両者の側面を同時に有する総合的な事業展開をする企業にみられるタイプである。最後の反応型は，戦略や組織に一貫性がないタイプとして分類されている。反応型は，適合関係がないために有効でない組織とみなされている。

　このように同一産業の中でも異なるタイプが存在すること，各構成要素が矛盾なく一貫性のあることが重要であることを，マイルズとスノーは明らかにして条件適合の考えを修正したのである。彼らの研究は，意思決定者による選択が重要であることを示している。さらに適合の考えを組織文化や戦略についても広げているため，組織文化と戦略を明らかにしたものとなっている。

　戦略論では，同一産業で異なる戦略をとる戦略グループがいくつかあり，戦略グループの間の移動が難しいといわれるが，それは，それぞれの戦略グループに独特の組織条件がつくりあげられるからなのである。

3）　現在の適合と将来の適合

　なお，適合ということをさらに考えてみると，事業や戦略は，現在の市場に適合していることも大切だが，将来の市場に向けられていることも大切で

ある。例えば，標準的な自動車のモデルチェンジは販売のおよそ4年前には開発が開始されてきた。大きなダムや橋の建設には，設計から10年以上の歳月がかかる。したがって，現在，開発・計画されている事業は，必ず将来に価値がなければならない。事業は，現在の取り組みであると同時に，将来にも価値ある取り組みでなければならないのである。

　その意味で，戦略は現在を視野に入れた戦略であるとともに，将来を視野に入れた戦略でもなければ，事業としての将来性がないであろう。このように考えると，将来の事業活動にかかわる戦略を現在の時点で決定し，それを実行していくことが，組織の存続には重要である。

　したがって，環境と戦略・組織の関係は，時間が進行し諸条件が変わる中で動態的に考えなければならないことになる。戦略や組織の革新を行うときには，すべての活動が同時並行的に変化し調整されることは困難であるから，一部が少しばかり突出しても新しいことを始める必要があるであろう。通常，研究開発は将来の市場ニーズ・技術に焦点を当てている。しかし生産や販売は，現在のニーズの充足に活動の焦点がある。

　こうして企業活動の動態に注目する理論は，各要素の静態的な適合よりも不一致を認め組織が動態的に展開する中で適合することを重視している。長期的に適合関係が成立することを，動的適合と呼んでいる（伊丹敬之）。

(6) バーナード・サイモン理論の考え

　経営者として活躍してきたC. I. バーナードが，『経営者の役割』(1938)という本を書いて経営学の発展に大きな影響を与えた。バーナードは，実務家でありながらも，企業組織と経営についてすぐれた理論を展開し，組織理論に新しい領域を開いた。その考えの近代性のゆえに，彼とその後に続いたH. A. サイモンらの研究は近代組織論と呼ばれている。

　近代組織論は，それまでの伝統的考えとは大きく異なっている。どんな点が新しかったかというと，それは第1に，組織の概念が新しいものであった。第2に，組織構成員の性質と行動について新たな見方を示している。第3に，組織均衡論や意思決定論という新しいモデルを展開した。

1) 組織の定義

バーナードによれば，組織とは，「一定の目的を達成するために，二人以上の人々の意識的に統合された人間の活動や諸力の体系である」。この定義は，組織は協働システムである，と述べている。それは，組織を分業の構造や権限の構造によって説明してきた古典的考えと比べ著しく異なっていた。

協働システムである組織を維持するためには，二つのことを確保しなければならない。第1に，その存続は，目的を遂行する能力に依存していることである。事業活動の目的を遂行することができなければ，組織は存続することができないのである。第2に，協働に必要な貢献を確保することである。それは，協働体系を維持するために組織が従業員や投資家，消費者などに提供する誘因と，その代わりに求める貢献との間に，誘因≧貢献のバランスを保つことである。その時に，バランスがとれていれば組織は存続し発展することができる。誘因と貢献にもとづくこの考えを組織均衡論という。

2) 制約された合理性

バーナードやサイモンは，組織の構成員である個人は限られた能力をもつもので，完全な情報，完全な意思決定能力をもつものではないと考えた。行動を決定するとき，われわれは選択肢のすべてを事前に完全に知っていることはなく，選択肢の結果についても完全に知っているわけではない。そのような限られた能力を「制約された合理性」と呼んでいる。完全なムダのない行為を選択する能力が制限されているということである。

例えば，個人が衣服や電気製品，自動車を買う場合を考えてみると，われわれは，各メーカーの商品の価格，機能，品質などについて事前に十分な情報を得ていることはない。お店に行って商品を見て（情報を手に入れ），そこで満足できないときにはさらに次の店に行って，満足できる商品を手に入れようとする。（現在はインターネットでかなり詳しく事前に調べられるがそれでも完全な情報とは言えない）。満足できる商品があると購入の決定をするが，しかし，その決定が客観的に見て最適の選択であるという保証はない。企業が行う投資や生産，開発などの決定についても同じことが当てはまる。

人間の行動および組織の行動は，このように制約された合理性の下での意

思決定として行われている。サイモンは，この意思決定の側面に注目し，組織は情報処理を行う意思決定システムであるという考えを展開した。

3) 意思決定の分析

こうして，組織の行動を意思決定としてとらえる考えが強まった。コンピュータの発達を背景に，情報処理や意思決定の考えは新しい可能性を示し，大いに受け入れられていった。

サイモンは，意思決定の過程は次の4段階からなっていると説明した。第1に，機会を知覚する，第2に，代替案を探求する，第3に，代替案を評価する，第4に，代替案を選択する，段階である。そして，制約された合理性をもつ個人や組織で意思決定がどのように行われているか分析した。

その結果わかってきたことは，組織は意思決定をするにあたって，能力が制限されているがゆえに，機会を知覚し代替案を探求する状況を限定してとらえたり，多くのプログラムを作成しておいて問題を処理し決定を効率化していることである。繰り返される決定は，定型的プログラムにもとづく決定であり，例外的な新たな決定基準や手順を必要とするものは非定型的プログラムにもとづく決定である。

毎日，どの仕事に取りかかるとか，どの方法で処理するかなどに関しては，意思決定はしばしば無意識で行われている。日常業務の中で反復的な決定はひんぱんに見られる。それは定型化されたプログラムによって行われている。他方，非反復的な決定は，事業の転換とか新市場への参入とかのように新しい局面に直面する場合に見られる。これは定型化されていないプログラムによって処理される。意思決定論では，こうした非反復的な決定の重要性が指摘されてきた。

以上のように，バーナード・サイモンの理論は，人間の意思決定は，制約された合理性の下で問題を知覚したり代替案を探求して選択が行われること，そして組織は様々な力の作用する協働システムであることを明らかにしてきた。それは，企業組織の行動を新しい原理によって説明している。

（7）　まとめ

　経営組織の理論は，組織をどのように設計し管理したらよいかということや，個人の構成員の人間性とその仕事との関係をあきらかにすること，環境への適応はどのように行われるかを取り上げてきた。さらには，組織の行動がどのような意思決定として行われるか明らかにしてきた。

　このうち，市場への適応は第3章の戦略に関連して，人間性の側面は第5章の動機づけやリーダーシップに関連して，さらに研究されてきた。そこで本章の後半では，組織の設計や管理がどのように行われているか説明していこう。そして，組織の管理は国際的にどのように違うのか検討しよう。

4.4　組織設計の実際

（1）　組織構造の工夫

　企業組織の本来の機能は，事業目的を達成するための手段である。目的に対する手段は，普通，1つだけということはなく事業をとりまく条件によっていろいろな選択がありうる。手段としての組織をどのようにつくるのか，組織をいくつかの下位単位に分ける部門化の方法が工夫されてきた。

　部門化の方法によって組織の効率および働きは大きく変わる。なぜなら，部門化によって，市場への対応の仕方，意思決定のあり方，仕事の進め方，権限と責任のあり方，仕事への動機づけ，コミュニケーション，仕事の調整の仕方などが決まってくるからである。

　しかし，部門化したあるいは分業化した活動の調整には，次のような制約がある。

　第1に，調整にはコストがかかることである。調整には会議をしたり，情報のやりとりをしたりするために時間・人のコストをかけて行われている。

　第2に，部門間や個人間のコミュニケーションは，仲介者が増えれば増えるほど，不正確になったり主観が入って行われることである。

　第3に，組織の階層が増えたり，調整する部門の数が増えると，意思決定

に時間がかかるようになることである。

第4に，手段の対立や目的の対立が起こったりすることである。ある目的に対していくつかの手段が考えられる。そして目的と手段は連鎖をなしていて，さらに下位手段によって達成されていく。すると目的や手段が矛盾したり対立することがある。

そこで企業は，組織が期待する働きをするように，構造的側面からできるだけ合理的に組織をつくろうとするのである。

(2) 組織設計の目的

企業は組織構造について多くの工夫をしてきた。まず組織の全体にかかわる組織設計の目的についてみると，それは大きく分けて2つある。

1つは，市場環境に対する組織活動の有効性を追求して組織を設計することである。これは市場ニーズに対して事業が有効であること，そして市場ニーズの変化への適応に重きをおいている。企業は市場条件に適応して市場ニーズにあった製品やサービスを提供することが必要なのである。他の1つは，いったん決められた事業方針のもとで，組織活動の内部的な効率を追求して組織を設計することである。コストを下げたり生産性を高めるように，効率を追求することによって市場での競争力を強め，市場に適合した行動であろうとするのである。

組織は，いったん方針や戦略を決めると，それを定着させなければ効率をあげることができない。大量生産をしようとすれば，技術や製品規格の標準化が必要である。量産して効率をあげるために，設備や製品仕様を安定させ変化を避けようとする。しかし，効率をあげるために製品仕様や生産方法を固定すれば，当初はそれが適切であったとしても，組織は市場ニーズの変化に対する柔軟性を低下させる危険がある。

企業経営の課題として，組織は外に向かっては変化に柔軟に適応して事業目的を達成する有効性が必要とされ，組織の内に向かっては安定性を高め効率をあげることが同時に必要とされている。組織の存続にとって，両者は切り離すことができないのである。

4.4 組織設計の実際　149

図 4-5　組織設計の目的
(1)　市場環境への適応

(2)　業務活動の効率化

　全体組織の設計に関して，この 2 つの課題に対応した設計方法が工夫され
てきた。市場環境の変化がゆるやかなときや事業範囲が狭く 1 つの製品系列
しかないようなときに活動の効率を追求するために，専門化を優先して類似
の仕事を 1 つの単位にまとめて組織をつくる傾向がある。同一種類の職能を
一カ所に集めると専門化が進み，知識が蓄積されて効率的になったり高度な
仕事を行うことができるようになる。こうしてつくられる組織が職能別組織
である。

　これに対し，複数の事業を展開し市場への適応能力を高めることを追求す
ると，分権化された事業目的別組織をつくるようになる。これは普通，事業
部制組織の形態をとる。事業目的を遂行しやすいように，各事業部に権限を
委譲し，市場への適応スピードを速めるのである。企業の全体組織の設計に
おいては，大部分の企業がこの 2 つのタイプのいずれかを選択している。実
際には，組織の一部を事業部制にし，残る部分を職能別にして，2 つのタイ
プの混合型をとる場合も見られる。

　外部に対し柔軟性をもち適応を追求することと，内部で作業条件の安定を
図り効率を追求することは，どちらも組織の存続にとって不可欠である。と
ころが，その目的と手段は具体的になればなるほど対立することが多いの
で，簡単には達成できない。そこで組織はいろいろと工夫している。組織の
設計は，こうした工夫の積み重ねの歴史である。

⑶　組織の発展段階

　組織が歴史的にどのように発展してきたのか，はじめにその基本型の展開
を簡単に説明しよう。すでに第 1 章で述べたように，株式会社制度は 17 世
紀初めに成立している。やがて 18 世紀半ばにイギリスで始まった産業革命
を経て，株式会社制度は次第に発達する。19 世紀中頃には，英国でもアメ

150　　　　　　　　　　第4章　組織の設計と管理

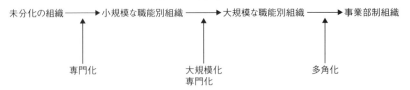

図4-6　組織の発展段階

リカでも鉄道会社が全国的な鉄道網を展開し始めていた。それは市場を拡大し，事業の大規模化と組織形態の発展を促した。

　はじめに職能別組織が生まれ，さらに企業規模が大きくなり事業が多様化して，1920年代に事業部制組織が生まれた。こうして職能別組織と事業部制組織という組織形態の2つの基本型が成立した。組織形態の発展段階としては，個人商店のような小規模で部門が分かれていない未分化の組織から，小規模な職能別組織，大規模な職能別組織，事業部制組織へと発展してきている。

(4)　**職能別組織**

　職能別組織は，もっとも大きな組織単位を生産，販売，購買等の職能，つまり類似の仕事を基準にして部門化する組織のことである。職能には仕事とか機能の意味がある。このため，職能別組織を機能別組織ともいう。

　この組織は，製造部，営業部，購買部，総務部，企画部，人事部，経理部などの部門に分けられ，運営される。とくにラインと呼ばれ，製品・サービスの生産と供給に欠かすことのできない基幹となる業務を製造部門，販売部門などに部門化している。

　職能別組織は，類似の職能を1つの単位にまとめている。つまりこの組織では，仕事の同質性が部門化の基礎である。この組織は，製品系列の数が少なく，市場および技術の多様性が管理上大きな負担でないときによく用いられる。この組織形態を採用する企業では，生産活動の効率性を高めることが市場での競争上大きな意味がある。そこで類似の仕事を一カ所にまとめ，知識の蓄積と高度化を進めることによって，効率をあげるのである。それが組織の有効性を高める方法なのである。

職能別組織では，購買，製造，販売のように，仕事の流れに沿って組織が部門化されるため，過程別につくられた組織の性質を有している。またこの組織では，仕事が過程別に部門化され単一部門では完結しないため，各部門の協力が必要である。ところが，各部門で考え方が違うと，部門間の活動の最終的な調整がトップによって行われることが必要になり，権限がトップに集中しトップの意思決定負担が増える。つまり，構造上は集権的な組織となる。

なお，製品市場と組織との接点は，組織全体の中の販売部門に限られている。鉄鋼，セメント，紙パルプなどのように，製品系列が比較的限定されている業種の企業に職能別組織は多く見られる。

この組織の長所は，第1に，各部門で専門知識の蓄積と高度化が行われることである。第2に，類似の仕事を一カ所に集中することによって仕事の効率がよくなることである。規模の経済を実現できるのである。

他方，その短所は，第1に，各部門の管理者はその部門の職能には詳しいが全社的視点を欠き，部門間の対立が生じやすいことである。各部門は他の部門の活動と一緒になって全体として事業が完成するため，部門間の調整が不可欠である。第2に，少数の人間に大量の複雑な意思決定を委ねることになり，権限や情報の集中によりトップの負担が大きく，意思決定が遅れたり柔軟性を欠くことになりやすいことである。第3に，それぞれの部門の業績評価が難しいことである。各部門は，費用あるいは売上げの一方だけに責任があるため，業績の評価が難しくなることである。

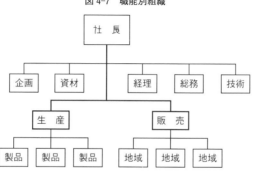

図4-7　職能別組織

(5) 事業部制組織

これに対し事業部制組織とは，組織が製品，地域，あるいは顧客を基準に事業目的別に事業部がつくられる組織である。この組織は，典型的には，製品別事業部があり，基幹となる業務は事業部によって遂行される。

職能別組織の企業が成長し，新しい製品系列の追加や活動地域の拡大が進むと，次第に事業活動が複雑になり，技術，市場，生産などの活動の調整やコミュニケーションが級数的に煩雑になる。やがて職能別組織で運営するには限界が生ずる。そこで新しい組織は，もっと市場対応力がある事業目的別に組織された分権的な組織となるのである。

1920年代にゼネラル・モーターズ社やデュポン社で採用されたのが事業部制組織の始まりで，米国では第二次大戦以降多くの大企業が事業部制を採用するようになった。わが国では，1933年に松下電器（現 パナソニック）が採用したのが始まりとされ，今日では電機，精密機械，化学などの分野で多数の製品系列をもつ大企業が，事業部制組織を採用している。事業部制組織は，事業範囲が広がる多角化と深く関係している。多角化を進め関連事業が増えるにつれ，事業部制組織が採用される傾向がある（図4-8）。

電機会社や化学会社では，主要製品事業ごとに事業部をつくっている。百

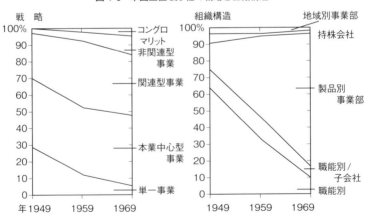

図4-8 米国上位200社の戦略と組織構造

（出所） B. R. Scott, "The industrial state", 1973.

貨店や保険会社では，地域別に組織をつくり事業を展開している。事業部制として最もよく見られるのは，製品別事業部制である。

各事業部は，それぞれ市場に接しているので，情報の入手や対応を早めることができる。そして，事業に必要な生産機能，販売機能を内部に有し，それぞれの機能の間の調整を事業部内で行う権限を与えられる。事業部は，市場に対しても利益に対しても責任があり，自律的な利益責任単位（プロフィットセンター）としての性質がある。そのため事業部制ではしばしば独立採算制がとられることがある。事業部制は，個々の市場への対応を構造化し，市場への適応能力を高めることに重きをおく分権的な組織である。製品市場への対応は各事業部が行うのである。

事業部制組織の長所は，第1に，権限を事業部に委譲することによって，個別市場の変化に対する適応力を高め，意思決定の迅速化が図られることである。第2に，権限を委譲することによって，従業員の仕事意欲を高めることができる。第3は，個々の事業単位の業績評価がしやすく，意思決定の合理性が高められる。第4は，管理者には事業部を任せることができるため，トップの後継者の育成ができることである。

他方，その短所としては，第1に，各事業部で生産，販売，総務，経理などの同種の活動を必要とするため，活動の重複があることである。第2に，同一の活動が一カ所にまとめられていないため，専門化による集中の利点が少ないことである。第3に，それぞれの事業部中心の発想になり，全社的視点に立った適切な資源配分を行うことが難しくなることである。事業部制では，しばしば事業部と事業部の間に組織の壁ができるといわれる。

事業目的別に組織をつくり，自律的な権限を事業部に委譲している事業部制組織は，たしかに市場に近いという意味で，市場情報の入手が早く意思決定を迅速に行うことができるようになる。しかし，事業部制組織が市場条件の変化に対し職能別組織よりも常に柔軟に対応できるかといえば，必ずしもそうとは限らない。業績が低下したときには，事業部制を廃止し，より集権化して機動的な行動を追求する企業がしばしば見られるのである。

なぜそのようなことがおこるかというと，個々の事業部がその事業部の立

図4-9 事業部制組織

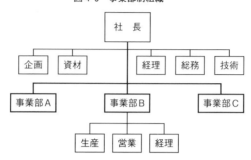

場で市場に対応することは，必ずしも全社的に最適な対応ではないからである。特定の事業部の目標を追求しすぎると，全体の目標達成，資源配分，人材の活用に障害がでるのである。そのために，より集権化して機動的な意思決定をしたり全社的な効率追求を行う必要があるときに，職能別組織にすることがあるのである。

つまり，事業部制組織は，現在の市場構造が大枠で維持される場合に高い適応能力を期待できる。しかし，現在の市場構造がすっかり変わったり，技術革新が行われたりすると，既存の事業部では対応ができなくなる。

例えば，電機会社がテレビとパソコンを別々の事業部として展開することは，製品市場が別々にとらえられるときは問題はなかった。しかし，市場および技術の融合化が進むと，事業部個々の対応ではむしろ市場への対応力を弱めてしまうであろう。市場および技術の融合化は，全社的な観点からの対応を必要とし，全社的な対応力は個々の事業部の対応だけでなく，トップのリーダーシップや全社戦略に大きく依存している。また，事業全体の方向づけと資源配分は，事業部の権限を越えて行わなければならないものである。適切な全社戦略の展開がなければ事業部の対応力は限定されるのである。

(6) **組織動態化の工夫**

実際には企業は，市場条件に適応し事業の有効性を確保することと内部効率をあげることの2つの目的のどちらか一方を追求すれば良いというもので

はなく，有効性も内部効率も両方とも達成しようとする。そこでほとんどの企業は，図4-7，図4-9が示すように，組織部門の下位単位をさらに別な方法で組織し，2つの目的を同時に満足しようと工夫している。

つまり，生産部門の中は製品別の下位組織をつくるとか，営業部門は地域別に担当を割り当てた下位組織をつくるのである。製品事業部であれば事業部の中を生産，販売，技術のように職能別に内部を分けていくのである。組織の下位単位をもう一方の方法でつくって，職能，製品，地域の必要性を同時に満たそうとしている。企業は，組織の内部効率をあげることも外部環境に適応することも必要なのである。

さらによく観察すると，どんな会社でも，組織機構の改革は比較的頻繁に行われている。それは事業の発展に対応するためであるし，組織の硬直化を防ぐためでもある。そこで以下では，組織を動態化しようする工夫のいくつかを取りあげよう。

（イ）　プロジェクト組織

プロジェクト組織とは，プロジェクト別に組織単位がつくられている組織のことである。大きなプロジェクトを中心に事業を行っている会社に見られ，飛行機やロケットを製造する航空機会社によって最初に採用された。わが国の代表的な自動車会社の組織は，従来，職能別組織の形態をなしていた。しかし最近は，主要車種プロジェクト別に開発組織をつくって運営されているため，プロジェクト組織になりつつあると考えられている。

（ロ）　マトリックス組織

職能と製品（あるいは地域）の2つの基準を同じ比重で設計しようとする組織がマトリックス組織である。職能別組織が職能を基準に，事業部制組織が製品・地域を基準に組織を部門化したのに対し，マトリックス組織は職能と製品（あるいは地域）という2つの異なる要請を同時に満たそうとして，2つの基準を統合する組織構造の工夫である。マトリックスとは，タテ・ヨコに組み合わされた格子の意味である。マトリックス組織は，わが国では，東芝や新日本電気などが採用してきた。

マトリックス組織は，組織構造の工夫によって論理的に組織問題を解決し

ようという試みであるが，組織の問題は構造だけでは解決できないメンバーの動機づけや組織内権限バランスの問題を含んでいる。現実にも，マトリックス組織では，二元的な命令系統ができ仕事の調整が難しくなりがちである。

(ハ) プロダクトマネジャー制

主要な事業となっている特定の製品ないしブランドについて担当の管理者をおき，その製品ないしブランドについて種々の活動を調整・統合する機能をもたせた組織である。ブランド別に責任者をおく場合，ブランドマネジャー制と呼ぶ。顧客ニーズへ迅速に対応するために，縦割りの機能別組織から，製品あるいはブランド別に調整・統合機能がつくられるのである。プロダクトマネジャー制は，大量生産志向の機能別組織からニーズへ対応した製品管理に力点がおかれている。プロクター・アンド・ギャンブル（P&G）社が最初にこの組織形態を採用したといわれている。

(ニ) 分社化

分社化は事業を多角化し拡大するときに，新事業を本業から切り離し別会社組織にして運営する方法である。大企業に限らず，中堅企業でも事業範囲を広げるときには分社化を採用することがしばしばある。

分社化の利点は，第1に，不確実性の高い事業を別会社として切り離すことによって，既存事業におよぼすリスクをおさえることができることである。既存事業とは異質の事業を管理するために，既存事業と切り離して経営するのである。第2に，組織単位が小さくなって，意思決定やコミュニケーションに柔軟性をもたせることができる。第3に，それは自立的な独立した組織として運営されるために，組織構成員に対する有効な動機づけとなることである。分社化した新しい事業では，本業とは違う賃金体系，雇用方法を採用することができるのである。

(ホ) カンパニー制

カンパニー制は，主要な個々の事業をカンパニーと呼んで，あたかもそれぞれ1つの会社のように自立的な権限と責任を与え事業を行う組織である。カンパニー制は，子会社にするまでにはいかないが個々の事業に大幅な権限を委譲し事業責任を明確にすること，そしてスピーディな市場への対応をめ

ざしている組織である。

ソニーは 1994 年の組織改革で新しい組織形態としてカンパニー制を採用した。これにともなって，取締役会の大幅な改革を行って戦略策定機能と執行機能を明確にしている。取締役数も大幅に減らし実質的な権限と責任をもつ取締役会とするように組織改革を行った。1998 年 6 月に改正された組織機構では，ディスプレーカンパニー，ホーム AV カンパニー，インフォメーションテクノロジーカンパニーなど，10 のカンパニーに事業部門を分けている。

カンパニー制は，それぞれの事業を独立した会社に見立てて事業を管理し，なおかつ経営資源の全社的統合を図るものである。より完全な事業の独立をめざせば，持株会社制へ移行することになるであろう。独占禁止法が1997 年に持株会社を解禁したことによって，疑似会社であるカンパニーよりも，持株会社制にして実質的に独立した事業会社に移行させる企業が増えている。

(ヘ)　社内ベンチャー

社内ベンチャーとは，新規事業を創造するために企業内に独立性の高い集団をつくり，自立的な新規事業創造の活動を担う組織である。一種のミニカンパニーであり，企業の中の企業である。社内ベンチャーは新事業開発に大幅な自由と権限を与えて開発に取り組むことを認めることによって，組織柔軟性を確保するとともに，仕事意欲を引き出し開発成果を高めることが意図されている。

カンパニー制と社内ベンチャーの大きな違いは，社内ベンチャーが開発段階に重点をおいていること，小規模に展開されることである。そして開発が成功した段階では，社内ベンチャーは事業部や別会社に事業を引き継いでいくのが普通である。

(ト)　戦略事業単位（SBU）

プロダクト・ポートフォリオ・マネジメントの発展にともない，主要な戦略事業の意思決定をする組織単位として戦略事業単位が考えられるようになった。第 3 章で述べた BCG マトリックスなどで使われる SBU は，全社

的な戦略計画を策定したり意思決定をするときの単位として使われている。事業部の数があまりに多くなったり，関連事業の統一的把握が必要になると，個々の事業部のままでは適切な意思決定ができなくなるので戦略事業単位をつくるようになる。

　㈭　フランチャイズ組織

　フランチャイズ組織は，フランチャイザー（本部）とフランチャイジー（加盟店）の間の契約にもとづく事業展開の方法である。本部は，事業の仕組みを作り情報システムを構築する。商品の仕入れは基本的に本部がコントロールして行い加盟店に商品を供給する。これにたいし加盟店は，本部から商品・商標の提供や経営指導を受け，その対価としてロイヤリティを支払う。

　フランチャイズ組織は，コンビニや外食産業，小売業でよく使われている。世界的な企業では，マクドナルド，ヒルトンホテル，ザ・ボディショップなどがその例である。

　㈶　ネットワーク組織

　この組織は，一定の事業目的を達成するために，個々の企業が独立性を保ちながら，連結してつくられる組織である。それは個別企業の枠を越える組織である。コンピュータの普及によって，ネットワーク組織がつくられやすくなっている。

　ネットワーク組織に参加する企業は，それぞれ異なる能力や製品・サービスを有し，それを上手に組み合わせてまとめると，単独ではできなかったことができるようになる。例えば，これまでよりも早く効率よく製品・サービスを供給したり，新しい製品・サービスを供給することができる。それは，新しい市場を開拓したり，新しい事業システムを開発することを可能にするのである。情報技術は，これまでにはない組織をつくり出す可能性がある。

　以上見てきたように，20世紀は，企業組織の著しい発展があった。組織構造の工夫によって，情報処理や市場適応が工夫されている。ところがこうした組織設計は，あくまでも構造的側面からの工夫である。それは人間の身体にたとえれば，解剖学的な説明である。解剖学に加えて，組織としての仕事を実行する従業員がどのような意欲をもって仕事に取り組み，それぞれの

部門がどのように機能しているか，生理学的な働きをとらえることが不可欠である。

　その意味で，組織運営では，構造やシステムのハードな側面と，動機づけや組織文化のソフトな側面との統合が追求されなければならないであろう。

　そこで次に，組織のソフトな側面を検討することにしよう。

4.5　組織文化の意味と革新

⑴　組織文化への関心

　すでに指摘したように，米国企業においては，分業と階層を明確にして組織を合理的に運営する，という考えが伝統的に強く見られた。つまり組織の縦の構造でも横の構造でも，役割分担を明確にして責任と権限をはっきりさせることを重視してきた。したがって，戦略の決定とその実行を分けることが強調され，戦略とそれを実行する組織という考えが強まった。そして，経営者の主要な職務は，戦略の決定を行うことであるとされてきた。

　「組織構造は戦略にしたがう」という有名な命題は，組織は手段であるということと，経営戦略の決定が経営者の職務であるという考えを示唆している。

　しかしやがて，戦略が計画したようには組織は成果をあげることができないことがわかってきた。第1に，戦略は将来にかかわる不確実性を扱うものであるから，その予測通りにならないことがおこるのである。たとえ計画を立てても，すべてが計画通りにいくことは難しいのである。

　第2に，組織が逆に戦略に影響することが明らかにされてきた。組織には，すでに保有する設備とか労働力，技術，蓄積された経験や考え方，慣行がある。それらは次の事業展開の前提であり，それらに制約された次の展開を考えざるをえない。売上高に応じて調整することができない人件費は，会計的には固定費とみなされて制約となることを例示している。

　このように，いったん学習したこと，確立された組織慣行や行動基準，投下された資本・設備・労働力は元に戻すことはできない。いったんつくりあ

160 第4章 組織の設計と管理

げた組織の秩序やプログラムは，簡単には変えられないのである。戦略が組織を決めるだけでなく，組織が戦略を決める側面があることが明らかにされた。チャンドラーの命題とは逆に，「戦略は組織にしたがう」のである。

組織文化が実践的に広く注目されるようになったきっかけの1つは，米国のコンサルタント会社で多くの組織を相手にコンサルタント活動を行ってきた T. J. ピーターズと R. H. ウォーターマンによって書かれた，1982年の『エクセレント・カンパニー』（優良企業）である。

優良企業とみなされたのは，IBM，プロクター＆ギャンブル，3M，マクドナルド，ディズニー，コダック，ウォルマートなどの会社である。ピーターズとウォーターマンによれば，これらの優良企業の経営を調べると，そこには次の8つの特徴が共通して見られるという。

エクセレント・カンパニーの特徴
① 行動を重視する，とにかくやってみようという精神を重視する
② 顧客の声に耳を傾け，顧客との関係を密にする
③ 自主性と企業家精神をもつ
④ 人を通しての生産性向上に努力する
⑤ すぐれた理念・価値観にもとづいて実践する
⑥ 理念や技術など基本軸から離れない事業の多角化をする
⑦ 単純な組織と小さな本社をもつ
⑧ 個人を尊重しつつ，理念や目標の共有化を進める，厳しさとやさしさの両方を追求する

『エクセレント・カンパニー』の指摘は，それまでの戦略論に対するアンチテーゼとして，人を通した組織能力の向上や組織文化のような組織のソフトな側面の重要性を明らかにしたものであった。その経営は，日々の行動の重視，共感できる価値観にもとづく実践などを指向しているのである。

このように優良企業の研究は，適切な戦略の選択が成果をあげるために決定的に重要と見るよりも，人を通しての戦略実行，人を通しての組織能力の向上を重視するようになった。市場での競争力を高めるためには，不確実な戦略よりも，日常的な業務活動が着実に実行されることの方が組織にとって

重要であることはしばしば起こるのである。戦略の善し悪しですべてが決まるのではなく，メンバーの行動や戦略の実行の仕方が重要な意味をもつと考えるのである。

上にあげた特徴の中には，行動の重視とか人を通しての生産性向上のように，日本企業では広く実践されていたことがいくつか含まれていた。そのため，『エクセレント・カンパニー』をきっかけにして，1980年代の組織文化への関心は，日本企業の国際競争力の向上とも重なって日本企業の経営の評価を一層高めることとなった。

(2) 組織文化の意味

組織を動かし仕事を直接実行するのは，様々な欲求や感情をもつ個人である。それゆえ，組織のはたらきは，様々な感情や欲求をもつ個人を無視しては成り立たない。組織は，多くの人と人との相互作用があってはじめて生きた組織となるのである。

また，組織は，その相互作用の中で，経験および知識を蓄積し固有の考え方や行動の基準をつくりあげる。組織内部門の間でも仕事の性質によって目標や評価基準が違ってくる。生産部門は効率を重視し，営業部門は成長を重視する。仕事をするときの時間幅も各部門で違っている。異なる企業組織の間でも違いが生まれる。革新指向で若々しい企業もあれば，保守的で官僚制化している企業もある。それぞれの企業には，固有の考え方や行動の基準である組織文化が形成されている。

企業における組織文化は，平たくいえば，社風という言葉で従来とらえられてきたものに近い概念である。A社の社風はB社の社風とは違う，というのは現実によくあることである。特定の企業に属する人にはその社風が自然に身についていて，その人の考え方や行動にそれが特徴となって現れる。こうして組織文化は，個々の企業だけでなく，日本企業，アメリカ企業，ヨーロッパ企業のような地域とか国の企業にも現れる。

組織文化とは，定義的には，「企業に参加する人々に共有されている価値観と共通の考え方，意思決定の仕方，また，共通の行動のパターンの総和で

162　　　　　　　　第4章　組織の設計と管理

組織文化の構成要素
① 共通の価値観
② 共通の信念
③ 共通の行動規範

ある」といわれる（伊丹・加護野）。あるいは，組織文化とは，組織メンバーによって共有されている「価値と規範の総称である」（梅澤　正）。組織メンバーの考え方や行動に，共通の傾向があると見るのである。このような企業における組織文化を，単に企業文化という。

　ではその組織文化とはいかなる内容を有するであろうか。代表的な見解では，組織文化は，共通の価値観，共通の信念（世界観），共通の行動規範の3つの構成要素があると考えられている（伊丹・加護野）。第1の共通の価値観とは，メンバーが目標とか価値について共通のものを有することをいう。第2の共通の信念は，メンバーが共通の考えをもつことである。そして第3の共通の行動規範は，行動に共通の基準が働くことである。

　これらの要素から構成される組織文化は，組織の構成員の行動および考え方に対して重要な作用をおよぼしている。組織文化の作用には，少なくとも次の3つがあるであろう。

　第1に，組織文化は構成員の仕事意欲を高める動機づけの基盤になることである。人々は組織文化に強く共鳴して仕事を頑張ったりするが，逆に違和感を感じて仕事意欲を失うことがある。

　第2に，組織文化は組織内の人々が行動するときに判断をする基盤になることである。経営理念や目標が社会性，倫理性を明示的に共有するならば，それはその企業の組織文化として，従業員の意思決定や行動の判断基準として強く作用するであろう。

　第3に，組織文化はコミュニケーションの基盤になる。共通の経験をし，共通の考え方や価値観があるとそれによってお互いにわかりあえる部分が多くなり，コミュニケーションが容易になるのである。同じ言葉を話せば言葉の意味や背景を簡単に理解してもらえるが，言葉が違えばコミュニケーショ

ンには多くの時間がかかるのである。

⑶　組織文化の定着と変革

　上のような働きをする組織文化は，組織の効率と革新に大きなかかわりがある。なぜなら，組織文化は人々を動機づけ，行動および考え方を組織に定着させることができるからである。つまり，組織文化を定着させるとは，選択した目標やその実現に必要な行動を定着させることである。それによって組織は行動の効率を高めることができるのである。

　しかし，企業の内外の条件が変わると，企業もその行動や事業を適応させていかなければならない。それに対し，創造的な組織文化の企業は，組織文化の基本的価値や理念を変えないで，行動や目標を市場条件に応じて変えることができるであろう。

　第1章で示した本田技研の基本方針のように，会社の理念・方針が従業員に受け入れられ組織文化として定着するならば，それは新たな行動や慣行をつくり出す基礎となるであろう。ソニーや本田技研のもつ革新指向は，個性的な組織文化となって従業員の行動を変え組織機構を変える力となってきた。

　それでもなお，既存の慣行および行動基準にしばられていれば，新しい状況に対応することが困難になることがある。その場合には，企業は，行動の根底にある組織文化を変革しなければならなくなる。

　こうして，目に見えないプログラムとして作用する組織文化は，一方で人々の行動や考え方を定着させ，仕事の効率を高めることができる。また根底的な組織文化にもとづいて新しい行動を工夫し革新を行うこともできる。しかし他方で，いったん学習した考えを変えることは容易でなく，新しい行動および考え方を抑制することがある。そのため，戦略や行動を革新するには，組織文化そのものを変える必要が生ずる。

　組織文化の変革が抑制されるのは，いくつかの理由がある。第1に，組織文化を変えるということは，考え方や行動のプログラムを変えることで，新たな学習を必要とし，負担とか痛みをともなうのである。そのために変革は抑制されがちとなるのである。

第2に，変革される内容や目標について不確実性があるからである。組織文化の変革が容易でないのは，組織文化が考え方，価値観などから構成されていて，その一部は個人の信念とか生き方に深くかかわっているからである。自らの地位や技能価値を落とすことになる変革の場合は，なおさら変革への抵抗を生みやすいであろう。

第3に，組織としてこれまでの慣行や考えを続けようとする慣性の力が働くからである。そのために将来を客観的に見ることができず，変革することの重要性が認識されないことがある。

一般に，会社の発展の基礎をつくってきた中心事業が成熟したり衰退を始めたときに，その事業を縮小したり資金配分を減らしたり人員数を削減することは，戦略判断としても組織文化としても容易ではない。また，新しい事業に必要な技術開発を促進するために，これまでの技術および行動基準を否定することも容易ではない。こうして組織には，行動基準や考え方の変革を抑制する組織慣行が自然に組み込まれているのである。

戦略および組織文化を変革することの難しさの古典的な例としてしばしば引用されるのは，フォード社の事例である。同社は，初期の自動車市場で，Ｔ型モデルの単一車種に生産を絞って大量生産を進め，低価格を実現して強い市場地位を築いた。やがて市場の飽和と所得の向上という市場環境の変化に直面したときにも，それまでの成功をもたらした経営方法に対する自信と財務的基盤の強さのために，フォードは従来の戦略や行動を変えようとはしなかった。

しかしＴ型モデルに固執した戦略は，やがて市場に受け入れられなくなり，在庫の山を築いて業績の悪化を招いた。同社は1927年にはＴ型自動車の生産中止に追い込まれている。そして競争力も失って市場シェアを大きく落とすことになったのである。これに対し，急激な事業拡大による組織の欠陥が早く露呈したゼネラル・モーターズは，1910年代末には経営の改革を迫られていた。そして1923年に新社長に就任したA.スローンの下で次々と改革を行って経営を立て直し，フォードとの競争において優位に立つことに成功したのである。

4.5 組織文化の意味と革新　　　165

　フォードの例は，成功をもたらした戦略と組織文化が容易には変革できず，新しい市場条件の下で，改革の制約になり，経営の失敗につながったことを示している。

　このように，市場環境の変化の中でいかに戦略革新と組織変革を行っていくかは，組織の存続にとって決定的に重要である。事業の継続的な発展のためには，現在の戦略および組織を革新することが不可欠である。それは，企業の存続と成長を決定的に左右するのである。そして，これまでの組織文化の下で適切な革新を行うことができないときには，組織文化そのものを変える必要がある。企業の経験を観察すると，組織文化を根底から変えるには10年以上かかることもめずらしくない。

⑷　組織文化変革の具体的方法

　ではどうすれば組織文化を変革することができるであろうか。企業の具体的な行動から変革の方法を見ると，次のことが工夫されている。第1に，経営者を交代させることである。リーダーを変えることができなければ，戦略ビジョンも行動も革新することができない場合がある。

　1960年代，70年代と業績が低迷したゼネラル・エレクトリック社は，新しい理念と戦略をかかげたジャック・ウェルチが最高経営者に就任してからめざましい業績の回復を遂げている。マツダではフォードから派遣された外国人経営者のもとで，それまで徹底しきれなかった改革に取り組んで業績の回復をはかった。日産は，ルノーからカルロス・ゴーンを迎えて経営の改革を進め，長い低迷を脱することができた。

　経営者の交代は，新しい戦略ビジョン，行動規範，事業目標を持ち込むすぐれて有効な方法である。その点で，新しいビジョンや戦略をもつリーダーに円滑に交代できる企業は，組織文化の点でも戦略革新の点でも柔軟性があり経営の革新が行われやすいであろう。

　第2に，組織機構を変革することである。組織機構の変革は，事業の枠組みを再構成することを意味するため，考え方や行動規範を変革するのに役立つのである。

第3に，事業目標や理念を変えることである。例えば，ベネッセ・コーポレーション（現ベネッセ・ホールディングス）では，福武書店という社名を変え，事業目標や会社理念を変え組織文化の変革を追求してきた。ベネッセというのは，ラテン語の bene（よく）と esse（生きる）を合わせた「よく生きる」という意味の造語である。

第4に，日常の行動を変えることによって組織文化を変革することができる。コーポレート・アイデンティティ（CI）は，「わが社はいったいどんな会社か」を意味し，その変革をするときに会社の理念とかロゴマークとかを使って行う組織変革の手法である。1980年代には，CIの導入によって組織文化を変革しようとする取り組みが多くの企業で行われてきた。

4.6　企業組織の国際比較

(1)　企業と社会

企業は，社会が求める製品・サービスを提供することによってその存在価値がある。社会が求めないものは，事業として成り立つことができない。そのため，企業の活動は社会からまったく切り離して存在することはできない。そこで，一国の社会を単位に考えると，企業制度，企業の組織文化，企業と社会の関係は国によって特色が生まれる。

それにはいくつかの理由がある。第1に，それぞれの国には独自の文化や歴史がある。そして言葉や宗教が違い，考え方が違ってくる。第2に，社会の規範とか価値観が国によって異なっている。第3に，経済発展の過程や段階が異なっている。第4に，経済構造や市場条件がそれぞれの背景の中で独自に形成されてきた。したがって，それぞれの国で社会の制度や規範に違いがあるのはむしろ当然のことである。

例えば，アメリカ，ヨーロッパ諸国，日本，東南アジア諸国，中国の社会の成立の歴史的背景はそれぞれに違う。単純化していえば，アメリカは伝統や地域社会というものがない新しい土地に，自由を求めてアメリカ大陸に移

住した様々な背景をもつ移民によって近代国家をつくってきた。そのためどの国よりも自由を強調する社会をつくってきた。経済的にも市場での自由競争のルールを高くかかげてきた。

　それに対し，ヨーロッパ諸国や日本，中国は，伝統，文化，地域社会が形成された歴史の上にそれぞれの方法で近代国家をつくってきた。そして同じヨーロッパの中でも，家族経営の中小企業が経済の中で大きな比重を占めるイタリアと，長らく中小企業を不能率な存在としてきたイギリスの間にも，中小企業の役割や経済の仕組みは大きな違いがある。個人の組織への帰属の仕方とか社会のルールも，長い歴史の中で徐々に形成されそれぞれの社会で独自の内容がある。

　こうして，仕事観，個人の権限と責任，労働組合の組織，市場での競争と独占に対する規制，紛争の処理の仕方，企業の社会的責任，株主の地位，情報開示などが，各国の固有の条件の中で発達してきた。したがって，企業組織の運営や統治に関しては，経済や社会との関係の中で考えることが大切である。同じ市場経済にある場合でも，実際には多様な企業のあり方があるのである。そこで次に，日本企業の経営の特徴を見ることにしよう。

(2)　日本的経営

　企業制度や組織の機能を社会的，文化的文脈の中で研究することが，わが国ではどの国においてよりも盛んであった。日本企業の経営の特質を明らかにする研究として，日本的経営論と呼ばれる研究領域が成立した。

　日本企業の経営については，1958年のJ. アベグレンの研究をきっかけに研究が促進された。アベグレンは，日本の経営の特徴を終身雇用と年功序列と企業別組合であるとした。それがきっかけとなり日本的経営に対する研究が増えた。

　日本的経営は，日本の国際競争力が強化された1960年代後半から80年代にかけて，日本企業の経営方法や競争力が理論的にも実践的にも国内・国外の関心を集めるようになった。日本的経営に関する研究は3つのアプローチに分けることができる。第1の文化的アプローチは，日本の家族主義や集団

主義，共同体的意識といった文化的要因を取りあげて，日本企業の経営には固有の性質があることを分析した。日本企業では家族主義経営が行われているとする間宏の分析（1963）は，その代表例である。

第2は，制度的アプローチで，終身雇用制，年功序列制，企業別組合などの制度的要因に注目して企業経営の特質を説明したのである。アベグレンの研究やOECD（経済協力開発機構）の報告書（1972）がこの立場を代表している。

終身雇用制とは，従業員はいったん会社に就職すると定年になるまでその会社に勤めることである。これに対し年功序列制は年齢とともに昇給や昇進が行われるということである。

もっとも，終身雇用制は暗黙の雇用慣行であって明文化された契約による制度ではなかった。しかも通常は，大企業の大卒社員に適用されてきたものである。日本の雇用の約7割を占めていた中小企業では存在していなかった。また，年功制度にしても長期的な昇進制度の中では厳しい競争が存在し，仕事遂行能力に応じて給与が支払われる職能給部分を組み合わせ，実質的な能力主義的評価が一部行われていることも明らかにされてきた。

最後の企業別組合とは，職種別でも産業別でもなく，企業別に組織される労働組合のことである。多くの企業では，企業単独の労働組合がその内部に組織されている。

伝統的見解による日本的経営の特徴
① 終身雇用制
② 年功序列制
③ 企業別組合

1990年代になって不況が深刻化したために雇用を維持できなくなる企業が急増し，終身雇用制や年功序列制の存在そのものが問われる状況になった。倒産したり厳しいリストラクチャリング（事業再構築から転じて，人員整理の意味で使われることが多い）を余儀なくされた企業では，終身雇用も年功昇進も維持しえないのである。年功制や終身雇用制は，組織成長を前提にし

4.6 企業組織の国際比較　　169

て成立している慣行であることを理解する必要があろう。

　第3は機能的アプローチで，戦略・組織の関係を中心に企業行動の比較分析をしている。先に言及したように，利益志向的な米国企業の目標に対して，市場シェア志向的あるいは成長志向的な日本企業の特徴が明らかにされてきた。加護野忠男他による『日米企業の国際比較』（1983）は，戦略行動，組織構造，公式化などについて詳細な比較分析を行っている。

　また1980年代に入ると，高い生産性と品質を有する日本企業の生産組織や開発組織に関心が集まり，技術的側面から競争優位の源泉を明らかにする研究が進んだ。

　こうした特徴は，日本企業の経営の長所ともなり短所ともなってきた。特に人的資源の重視，人材の育成，長期的な雇用保証などはその長所と考えられている。

事例：富士通　年功賃金を全廃

　　富士通は年功序列型の賃金・人事制度を廃止，1998年10月から全社員の昇給・昇格を職務の目標達成度だけで決める成果主義型の制度に移行する。

　　新制度では年齢給の要素が残っていた主事・主事補などの職能資格を廃止，賃金体系から年功色を完全に取り除く。事務系・技能系の区分も一切なくし，どの職務でどれだけの成果を上げたかだけで社員の給与や資格を決めるようにする。

　　（日本経済新聞，1998年3月25日）

⑶　**日米企業の比較**

　企業行動に関する国際比較分析によって，日米企業の経営の特徴が明らかにされてきた。例えば，経営目標についていえば，表4-3にあるように，日本企業は経営目標として市場シェアを重視しているが，米国企業では投資収益率がもっとも重要な経営目標である。この経営目標の違いは，日本企業では成長志向の戦略になり，米国では利益志向の戦略になる傾向があるということと関係している。

このことは，資本市場のあり方と深いつながりがある。投資家（株主）が強い影響力をもつ資本市場が発達した米国と，株式の相互持合いが進んで投資家が経営に対する強い影響力を行使してこなかった戦後の日本では，資本市場の機能に違いがある。経営者の利益責任に対する市場圧力や株式公開企業の情報開示に対する社会的要求は，資本市場が相対的に大きな影響力をもつ米国で強く見られる。

資本市場のあり方の違いは，「会社は誰のものか」という問いに対して，米国では，会社は株主のものであるという考えとなって表れている。出資者として強い発言権をもつ株主にとっては利益をあげることが主たる関心で，そうした株主の期待に応えるために経営者は利益を重視した経営を行うようになる。

もっとも，米国においても株主の影響力は歴史的に大きく変化してきたもので，常に一定であったわけではない。1960年代まで経営者支配が進行したあと，1990年代では反対に株主の影響力が強まっている。

これに対し戦後の日本企業では，一時期の激しい労使対立を経て，協調的な労使関係の形成をめざしたことによって，会社は株主，経営者，従業員全員のものであるという考えが形成されてきた。主要構成員全員のものであるという理解が日本経済の発展を支えてきたということは，しばしば著名な経営者によって語られている（例えば，ソニー元会長盛田昭夫）。いかなる意味で全員のものであるかは語る人によって違いがあるが，その理念自体はたしかに強かったといえるだろう。

全員のものであるという考えの具体的表れとして，多くの日本企業では役員の報酬と従業員の給与は連動している。そして役員，従業員，株主の欲求を満足させるには成長を実現し分配を大きくすることが有効で，成長を重視した経営が行われてきたのである。

以上の点は，次に経営者の責任に関係している。経営者とは，個人をさすときは，今日の米国大企業ではCEO（chief executive officer 最高経営責任者）として取締役会長をさす傾向がある。トップというときに特定個人を意味しない場合は，会長，社長，専務，常務といった最高経営者層をさしている。

4.6 企業組織の国際比較　　　171

　経営者の最大の責任は株主に対する利益責任で，その責任をはたすことが強く求められている。そのため，米国における経営者は，その仕事をはたせなかったときには速やかに交代させられ，新しい政策や戦略をもつ新しい経営者が取締役会によって任命される。戦略策定および業績に対する経営者の責任が，時代とともに明確になってきている。

　これに対し日本企業では，経営者といえば，取締役会長ではなく社長を指すことが多く，社長を中心に最高経営者層を形成してきた。経営執行責任者である社長が，実質的な最高権限をもつようになったのである。そして代表的な大企業では，出資構造の上で委託される立場の社長が，本来は委託する立場にある取締役会の構成員を実質的に選任している。そのため，責任のとり方はおのずと違ったものになっている。

　次に雇用制度については，わが国の大企業では，経済成長期に終身雇用制や年功序列制という雇用慣行が相対的に強く見られた。構成員全体の利益を

表 4-3　経営目標の比較

経 営 目 標	米 国	日 本
投資収益率（ROI）	2.43	1.24
株価の上昇	1.14	0.02
市場占有率	0.73	1.43
製品ポートフォリオの改善	0.50	0.68
生産・物流システムの合理化	0.46	0.71
自己資本比率	0.38	0.59
新製品比率	0.21	1.06
会社の社会的イメージの上昇	0.05	0.20
作業条件の改善	0.04	0.09

（注）　数字は順位スコア（首位3点，2位2点，3位1点，その他0点）の平均値。
（出所）　加護野忠男他『日米企業の経営比較』1983年。

表 4-4　労働組合の種類

労働組合の種類	特　　　　徴
職 種 別 組 合	職種別に企業横断的に労働組合が組織される
産 業 別 組 合	産業別に労働組合が組織される
企 業 別 組 合	企業別に労働組合が組織される。日本ではほとんどの組合がこのタイプ

追求して雇用保証のためにも事業の成長が目的として強調されてきた。これに対し，米国企業では，資本市場からの圧力が株主の利益に対する経営責任を明確にすることを強く求めている。そこでは，売上あるいは生産が伸びなければ，それに応じて従業員のレイオフ（一時解雇）によって雇用調整を機動的に行いコストを削減することができるようになっている。このように，雇用の調整方法や弾力性に大きな違いがある。

　これは，米国では外部労働市場が発達して労働力需給を市場メカニズムによって調整してきたこととかかわっている。外部労働市場が発達したことによって労働力の移動性が高められ，労働力の需給調整が行われやすくなっている。

　これに対し戦後のわが国では，高度経済成長期に労働力を確保するために雇用保証が強化され，企業内部での労働力需要を調整する内部労働市場が発達した。中途採用や一時解雇をあまりせず，新卒者の定期採用と人材の内部育成は戦後の経済成長期のわが国企業に顕著な雇用慣行となった。特に，仕事をしながら教育・訓練をする OJT（On-the-Job Training, 職場内訓練のこと）に，多くの時間をかけている。わが国企業で労働力の需給調整が難しく，社内の教育訓練に大きな投資を行うのも，労働市場のあり方と強く関係しているのである。

　また労働組合の形態として，職種別組合や産業別組合を発達させた欧米諸国と企業別組合を発達させた日本では，企業との一体感や仕事観にも違いが見られる。企業別組合は，組合員の利害が会社の存続と成長を前提とするために，配置転換が容易であるし従業員の会社への一体感を高めている。

　これらの制度や慣行の違いが形成されたのは，企業が社会的，文化的，経済的な諸条件によって強く影響されているからである。米国で，企業において個人主義と契約観念が強いのは，言葉も民族も宗教も多様な移民国家としての歴史をもち，明確な役割分担と責任，組織の体系性を求めてきたからであると考えられる。

　これに対しわが国では，同質的な文化的，社会的基盤を背景に，さらに戦後の民主化運動の高まりの中で，情報・価値をより多く共有化する経営を展

4.6 企業組織の国際比較

表 4-5 日米企業組織の比較

組織要因	日本企業	米国企業
意思決定	集団的決定を重視	トップの意思決定を重視
コミュニケーション	公式・非公式経路併用	公式経路重視
雇用制度	年功秩序重視	能力重視
企業と個人	一体的関係	機能的関係
コンフリクト解決	根回し重視	問題直視重視
人材補充	内部育成	外部労働市場
教育訓練	社内中心	社外中心

開してきた。それに合致した資本関係，雇用制度，経営手法が展開されてきたのである。

　以上のように，経営目標1つを取りあげても，その背後には独自の経済的，経営的制度が工夫されてきた。しかし，情報技術の発達，市場競争の強まりによって，企業がますます合理性を追求するようになり，これまでの経営制度および慣行を変えようとする強い力が企業に働いている。その中で，経営者の役割と責任を明確にすること，経営者の交代を含めて人材を活用する柔軟な人事制度・客観的な評価システムをつくることが課題となっている。

　最後に，これまでの研究によって指摘されている日米企業の組織的特徴の一部を，表4-5に要約しておこう。

事例：鈴木敏文イトーヨーカ堂社長
　「変化に合わせて仕事の仕方などを変えていくには，トップダウンで決めていかないといけないというのが，私の持論なんです。(中略) 現在のように，変化のスピードが速くなると，会社全体なら社長，部だったら部長，課なら課長という，それぞれの部署のトップが，明確な方針を出して実行しなければ，とうてい変化に追いつけないと思います。」
　(出所)(『IY グループ四季報』第50巻，Spring 1996)

---

(4)　各国の経営システムは 収斂 するか

　各国の経済システムや経営システム（制度）は一つの方向に向かって収斂

図4-10 企業と社会の関係

するという考えがある。これを収斂説という。経済活動が国境を越えて広がり，企業は同一次元で競争する傾向が強まることによって，収斂説が注目されている。収斂すると考える理由は，市場で競争が行われ，そのために経済効率が企業活動の目的となるからである。経済効率のためには，合理的な経済システムや経営システムをめざすであろうということである。

ところで，図4-10のように企業と経済および社会の関係を考えてみよう。企業は経済の中に存在し，経済はより大きな社会の中に存在している。この図をもとに企業活動を考えると，収斂の問題について次のことがいえるであろう。

第1に，企業経営制度は，経済の国際化と市場競争の激化の中で，効率性を求めて発展するために共通化していく傾向が相対的に強くなるであろう。EU（欧州連合）の例のように，特定地域の国が共通の市場経済圏を形成し，共通の市場条件で競争する傾向は強まっている。したがって，とくに戦略や企業目標，生産システム，事業方法はより合理的な仕組みを求めていくと考えられる。国際的に事業展開している企業は，世界の優秀な人材を獲得する雇用・報酬制度，意思決定方法，権限と責任，株式の情報開示，会計制度などにおいて，世界に共通のルールや仕組みを必要としている。

ところが，第2に，文化や歴史，宗教に根ざす経済社会制度には変化しにくいものがある。したがって，独自の基盤に根をおいてそれと強く結びついている制度や慣行が，一つ方向に向かって収束するということは簡単ではない。

EUのように文化，宗教の共有度の高い地域でも，各国独自の制度が消えたり文化が簡単に消えるということは想像しにくい。例えば，ドイツでは経

営側と労働者側が同数ずつ役員を選出して構成する場で経営決定を行う労使協調的な共同決定が法律によって定められている。このような共同決定がイギリスに普及したりドイツが共同決定を廃止することも，当分の間は考えられないだろう。したがって世界的視野で見れば，各国の経営制度，企業文化は共通面を広げながらも，独自の存在基盤の上に成り立ち，多様性を保持することになるであろう。

また効率という目的を指向するとはいっても，その目的が常に最上位の目的であるとは限らない。複数の企業目的の中で効率がどのように重視されるかは，社会によってあるいは企業によって異なるであろう。しかも社会の価値観や規範は，固有の条件の中で歴史的に形成されたもので短期的には変わりにくいであろう。

日本企業の競争力が強まった1970年代から1980年代にかけて，多くの米国企業が日本的経営を学びとろうとしてその導入を試みた。全社的品質管理（TQC）や提案制度，かんばん方式による生産管理方式，従業員の参加によ

> 解説：かんばん方式
> 　トヨタ自動車がその生産管理において開発した管理方式で，ジャスト・イン・タイム（JIT）生産方式とも呼ばれる。かんばんとは，ある組立工程で，部品が使用され残量が減ると前工程に必要量と時間を指図するビニールケースなどに入った指示書のことである。かんばん方式は，自動車生産において伝統であったフォードの大量生産方式に対して，「必要なものを必要なときに必要なだけつくる」考えを徹底し，大量生産方式に革新をもたらした。かんばん方式は，生産性や収益性の著しい向上をもたらした。

図4-11　社会・文化と経営制度

176　　　第4章　組織の設計と管理

る動機づけ手法などの導入が計画された。

　そのとき米国企業は，品質管理やジャスト・イン・タイムの生産管理システムのような手法的，技術的なものについては米国の社会風土，組織文化にあわせながら一部は導入を進めた。QCサークルは，日本とは違うやり方で組織に導入されていった。生産のかんばん方式，開発における重複型と呼ばれる取り組み，自動車部品の系列取引などは，一部導入されつつある。しかし，集団的意思決定とか年功的秩序とかの価値的，文化的なものになるほど導入されているとはいえない。

　また，直接投資によって日本市場に参入する外国企業の経営においては，終身雇用や年功給与，年功昇進をとらず，権限を明確にして責任をはっきりさせたり独自の経営方法を展開することが多い。外資系企業の経営方法は，日本の社会に事業展開の基盤をおきながらも独自の展開をしている。

　その意味で，特定の国のある時期の経営制度あるいは経営方法を，その文化や歴史に固定的に結びつけるのは性急である。固有の文化や歴史の中で，経営制度が発展してきたことを考えれば，経営制度は柔軟性があり同じ文化や歴史の上に新しく創造することができるからである。一つの国の中でも様々なタイプの経営制度の企業があり，同時に存在している。企業によってAからA′，A″になり，あるいはBやCやDを選択する企業がある。（図4-11）。したがって，その違いは社会的，文化的固有性だけでは説明がつかないものである。

　しかし他方で，企業が社会と切り離して存在しないことも明白である。それぞれの社会には独自の文化や歴史がありそれを前提に企業は存在している。企業は社会の中に生まれ，そこに存立基盤がある。経営制度には多様な展開があるとはいえ，それは根底では社会・文化的基盤に結びついているのである。

　企業はそれが存立する社会・文化を前提にして，合理的な経営制度を志向している。国際化を考えると，製品・サービスを供給するための経営のあり方は次第に接近する傾向があるであろう。しかし，企業の役割はそれぞれの文化や価値観に深く根ざした思考にもとづいて実践される。したがって，企

業が重要視する目的と目的を実現する手段としての組織の運営に，一定の幅と多様性があるのは避けられないであろう。

4.7　コーポレート・ガバナンス

(1)　コーポレート・ガバナンスの意味

　コーポレート・ガバナンスとは，企業統治と訳される。それは，企業を社会的に経営的にどのように統制するかという問題である。コーポレート・ガバナンスには，2つの側面がある。

　第1の側面は，社会の中にあってその役割をはたして存在する企業を，社会がどのように位置づけ統制するかということである。第2の側面は，その役割を遂行するために，いかに経営的な統制を行うかということである。その場合，とくに出資者と経営責任者の関係，取締役会のあり方，経営責任者の権限と地位が問題になる。一般には，コーポレート・ガバナンスは第2の意味で使われている。

　今日，企業の統治をなぜ問題にするかというと，企業を社会の中でどのように位置づけるか，改めて考えなければならなくなったからである。その背景には，社会の中でその中心に位置している大企業が適切に機能せずに社会的な問題行動が見られたり，経営者に期待される役割が変わってきていることがある。また，世界的に企業行動が相互関係を強め，会計基準，特許認定，独占禁止法規制，環境保護，企業倫理などで共通のルールと調和を必要としているからである。国際化に対応した企業統制のあり方が問われているのである。1990年代はこれらの点がいずれも顕著になったため，企業統治が大きな関心を集めるようになった。

(2)　所有と経営の分離

　企業統治の中心的問題は，出資者と経営責任者の関係および取締役会のあり方として現れる。そこでまず企業の所有と経営に何がおこっているのか説

明しよう。株式会社の資本構造において所有するとは，資本を出資するという意味である。

すでに第1章で説明したように，歴史的には，株式会社は資本集中の仕組みとして発達してきた。資本集中を行いやすくするために，出資者の有限責任制や資本の証券化が導入されてきた。

しかし事業規模が大きくなると，その資金を一人で負担することはできないから多くの人から資本の提供を求めることになる。その結果，出資者は広範囲の多数の人に分散する。いわゆる株式の分散化が進む。企業規模が大きくなると，大半の出資者はますます経営から遠くなり，専門経営者に経営を委ねる所有と経営が分離する現象が起こる。資本を集中する仕組みである株式会社は，所有と経営が分離する仕組みを本来的に有しているのである。

現代の大企業における所有と経営の分離の実態を最初に明らかにしたのは，1932年のA. A. バーリとG. C. ミーンズの研究である。彼らは米国大企業における所有構造を調査し，最大株主による所有支配の形態を，完全所有支配（80-100％所有），過半数所有支配（50-80％所有），少数所有支配（20-50％所有），経営者支配（20％未満所有），その他に分類した。そして，大企業では所有にもとづく支配から経営者支配に移行する傾向があることを指摘した。

またR. J. ラーナーによると，1963年の米国企業の売上高上位200社の所有形態はその84.5％が経営者支配であり，50％以上の所有にもとづく支配は2.5％にすぎないことが明らかにされた。大企業では，このように経営者支配が増え所有経営者の存在が小さくなっている。

これに対し，1962年のわが国の金融業・商業を除く売上高上位200社についてみると，完全所有や過半数所有である企業の割合はわずか3％で，経営者支配は72.5％である（占部都美）。今日，東京証券取引所第一部に上場している大企業では，表4-7のように，機関投資家が十大株主のほとんどを占め，個人大株主は姿を消している場合が多い。

このように，資本規模が大きくなると株式の分散が進み特定の個人出資者の影響力が小さくなる。それにともなって出資者である株主と執行責任をも

つ経営者が分離し，管理運営の専門担当者としての経営者機能が強まる傾向
にある。こうして出資者である株主の支配力が弱まり，実質的な支配力が経
営者に移っている状況が経営者支配である。

(3) わが国における経営者支配の背景

わが国の大企業では，戦後，所有者としての株主の役割は著しく低下し，
経営者支配の傾向を強めた。経営者支配を生みだしたわが国特有の背景とし
て，次のことがあげられる。

第1に，わが国企業では，財閥解体によってそれまでの主要な所有者が消
え，所有者の影響力が著しく後退した。反対に，経営者である社長が影響力
を強め，取締役会をコントロールする権限をもつようになった。株主総会で
は，主要株主からの委任を取りつけた社長が実質的に最高の影響力を行使す
る立場に立ったのである。

第2に，経営の安定化を求めて行われた株式の相互持合いによって，出資
した事業会社，金融機関が相互に安定株主として，株主としての発言権を積
極的に行使しない構造がつくられた。

企業集団内における株式の相互持合いが進んだのは，1つは，戦後の財閥
解体によって安定株主が消えたことに対応して，銀行を中心にグループ企業
の株式の相互保有が行われたことである。企業は資本調達を円滑にするため
に，銀行との関係を強めたのである。もう1つは，1960年代の貿易・資本
の自由化が進められるときに，世界の大企業に比べて規模の小さな競争力の
弱い国内企業が，経営基盤の安定化と競争力の強化を図るために相互持合い
を促進した。資本自由化に備えて経営基盤を安定させるために，安定株主と
してグループ内企業による株式の相互持合いが促進されたのである。

第3に，戦後，資本市場の発達の遅れが自己資本よりも借入金への依存を
高め，出資者の地位を下げたことが背景にある。戦後の日本企業は，急拡大
する事業にともなって必要な資本を資本市場から調達するよりも，金融機関
からの融資に依存し銀行との間に緊密な関係を築いてきた。高い成長を実現
していた経済では，借入金を増やしても資本を調達することが求められた

第4章　組織の設計と管理

表 4-6　上位 200 社の所有形態

	日本 (1962)	米国 (1963)
完 全 所 有	0.0%	0.0%
過 半 数 所 有	3.0	2.5
少 数 所 有	21.5	9.0
経 営 者 支 配	75.5	84.5
法 的 支 配	0.0	4.0

（出所）　占部都美『企業形態論』1968 年，三戸公他『大企業における所
　　　　有と支配』1973 年。

表 4-7　新日本製鉄と松下電器の十大株主

新 日 本 製 鉄		松 下 電 器	
株　　　主	出資比率	株　　　主	出資比率
日本生命保険	4.1%	住友銀行	4.7%
三井信託銀行	3.8	住友生命保険	3.9
三菱信託銀行	3.2	日本生命保険	3.9
日本興業銀行	3.1	松下興産	3.6
住友信託銀行	3.1	住友信託銀行	2.7
安田信託銀行	2.7	あさひ銀行	2.5
明治生命保険	2.7	モックスレイ＆カンパニー	2.2
第一生命保険	2.6	ステートストリートバンク＆トラスト	1.9
中央信託銀行	2.4	住友海上保険	1.7
東京三菱銀行	2.2	東京海上保険	1.4

（注）　1999 年 3 月末現在。
（出所）　『有価証券報告書総覧』より作成。

し，その方がコスト的に有利であった。

　その結果，出資者である株主の影響力は相対的に小さくなったのである。こうして現在の株式会社の所有構造では，出資者の地位が相対的に低下し経営者の支配力が大きくなってきた。

　もちろん，株式の分散化が進んだからという理由で出資者の支配力がなくなるとは簡単にはいえない。出資比率は低くとも相対的な大株主として影響力を保持したり，所有経営者として地位を保ち経営支配権を確保している場合がある。かえって，株式の分散は，過半数を所有しなくても最大株主となり支配力をもつことを可能にしている。例えば，マツダに対するフォードの出資比率は，99 年 3 月時点で 33.3％であるが，フォードは，社長をはじめ

として役員9人をマツダに送り込んで経営権を保持している。

なお注意しなければならないことは，所有と経営の分離は大企業に顕著であるが，これが見られるのは株式公開企業の中でも比較的大規模な企業に限定されるということである。

したがって，代表的企業に見られる所有と経営の分離は，経済的に大きな意味があるとはいえ経済全体の傾向ではなく，あくまでも資本集中が進んだ大企業に特有の現象であると考えなければならない。

その後，米国では年金基金等の投資家の発言力が増し，出資をする者が会社の支配者であるという考えが再び強まっている。出資者である株主の権利を回復することを強く求め，経営者支配は終わったとさえいわれるようになった。さらに2002年には企業統治改革法が制定されている。この法律は，経営者の責任を厳しく追及し，株主の権利を拡大することになった。わが国でも1997年の独占禁止法改正による純粋持株会社の解禁は，創業者のような特定個人による会社所有と支配を強めている。

⑷　統治構造に対する国際化の影響

多数の出資者から大量の資本を集める株式会社では，出資者である株主が取締役会に事業を委託し，取締役会は受託者として業務執行の重要な意思決定を行い，取締役会はさらに日々の業務執行活動を経営者に委ねる関係が成立している。株主は最高の意思決定機関として株主総会を構成し，取締役は取締役会を構成し，業務執行の決定機関をつくっている。それは図4-12のような関係である。

戦後の日本の株式会社がおかれている状況は，近代株式会社が普及し始めた19世紀や，組織が大規模化し大量生産時代に入った20世紀初頭と比べ，資本市場，企業規模，経営者の地位などについて大きく変化している。

第1に，経営者支配が強まるなどして，最高意思決定機関としての株主総会が弱体化した。第2に，前述したように，取締役会が日常業務執行の最高責任者である社長を選任するはずが，社長が実質的に取締役を選任する地位の逆転がおこっている。第3に，株式の相互持合いが進み，金融機関による

横ならび投資が顕著となって，経営に対する安定株主として機能するようになった。横並び投資が増えたのは，独占禁止法（11条）によって銀行は特定の投資先会社の発行株式の5%までしか保有できないようになっていたことが大きい。

株式の相互持合いや系列化は，経営基盤を安定化させる上では大きな効果があったが，問題もあった。株主がその機能を十分発揮せず，外部からの監視が弱まり適切な企業の統治が社会的に行われなくなったことである。その結果，外部からの監視能力が弱まり，一部企業では経営の非効率や無責任の弊害が生じたことである。

こうしてわが国では，株主の影響力が著しく低下し，企業の外からの社会的監視機能が弱いまま，企業規模の拡大と経営者支配が進んでいった。

しかし，1990年代に入ると，国際的な産業再編と経済不況によって，株式持合いの解消が急速に進んだ。また，経済および経営の国際化は，海外で事業を行ったり株式を公開している企業に対して，海外の投資家がその影響力を強めている。主要企業の外国人持株比率は，急速に高まっている。例えば1998年3月末に，ソニーではその発行株式の45.28%，富士写真フィルムで36.19%，日立製作所で27.51%，ホンダで19.80%が外国人投資家によって所有されている。

こうした所有構造の変化によって，経営者と株主の新たな関係を形成し海外株主の支持を得るとともに，国際化に対応できる経営制度を構築することが必要となっている。その変化は，社外取締役の増加，米国型統治への移行

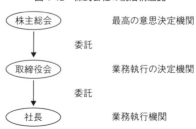

図4-12 株式会社の統治構造託

としておこりつつある。ソニーは，米国型統治を選択して社外取締役を増やし，取締役と執行役員を分離している。

戦後の日本企業の所有・統治構造は，株式会社の歴史の中で見れば，時代的条件を強く反映している。企業統治が企業経営の新しい課題としてとりあげられるようになったのは，現代にふさわしい企業と社会の関係の構築を必要としているからである。

(5) 持株会社

株式会社の統治構造について，一つの大きな変革が1990年代末になって始まった。それは持株会社制度の導入である。持株会社とは，自らは事業活動を行わないで支配を目的に他の事業会社を所有する会社のことである。英語では，持株会社のことをホールディング・カンパニー（holding company）という。1997年12月施行の改正独占禁止法は，それまで禁止していた支配を目的に所有を行う純粋持株会社の解禁を行った。そこでは具体的に，純粋持株会社とは，支配を目的として他の会社を所有し，「会社の総資産に対する当該会社が所有する子会社の株式の取得価額の合計額の割合が50％を超える会社をいう」と定めている。

持株会社というときは，一般にこの純粋持株会社をさしている。これに対し，事業を営む会社が新たな事業を行ったり事業の一部を分離して子会社を設立し所有支配する会社は事業持株会社といい，これは改正前の独占禁止法でも認められてきた。事業会社が子会社や関連会社を有して企業集団を形成する例は，トヨタ自動車，パナソニック，日立製作所，東芝その他の企業で比較的よく見られる。

持株会社が通常の親会社と違う点は，持株会社が支配を目的にする会社で，事業活動は事業会社にゆだねられる。これに対し，通常の親会社の場合は，親会社自身が事業を行いつつ子会社を支配しているのである。

戦前のわが国では，しばしば財閥の本家が合資会社や合名会社をつくり持株会社として機能していた。持株会社によって財閥の本家が所有しつつ，経営は雇用された経営者に任せる所有と経営の分離が見られた。

戦後は，過度の経済集中を排除する目的で財閥の解体が行われた。そして持株会社は 1947 年の独占禁止法によって禁止されたため，その後は存在しなかった。しかし，上述のように製造会社が事業を分離して子会社をつくるケースは広く行われている。それは，拡大する事業を分離したり新たに始めるためにつくられるので，持株会社としての適用は除外された。それゆえ大規模なメーカー企業は，事業活動を分離して多くの子会社および関連会社をつくり，企業集団を構成してきた。

ところが，1997 年 12 月の独占禁止法の改正により，次の条件を満たす場合に純粋持株会社の設立が再び認められるようになった。それは，第 1 に純粋分社化の場合，第 2 にベンチャーキャピタルの場合，第 3 に金融会社の相互参入の場合，第 4 に小規模の場合，の 4 つである。これらの場合に，純粋持株会社を設立することができるようになった。

法律の改正によって持株会社が可能になり，相当数の会社が持株会社制度を取り入れている。例えば，コンビニを展開するセブン・アンド・アイ・ホールディングスは持株会社であることを表している。持株会社制度は，今世紀に入って急速に普及し，キリン，サッポロ，富士フィルム，ワコール，三菱ケミカル，東京海上，りそな，日本マクドナルド，などが取り入れている。また，三越伊勢丹ホールディングスのように，合併した会社を統括するために持株会社を設立することがある。

持株会社制度は，その仕組みによって，限られた資本で大きな支配力を保持することを可能にする。また，所有構造の安定をもたらし，資本市場からの圧力を緩和することができる。それゆえ持株会社は，それ自体が競争優位をもたらすものではないものの，かつての株式相互持合いに代わる経営基盤の安定をはかるための重要な手段として，採用する企業が増えるであろう。

第5章
モティベーションとリーダーシップ

　企業の活動は，いかに組織としての行動のように見えても，最終的には，個々の従業員による実行に依存している。調和のとれた行動で生産ラインが動くのも，すぐれた製品や技術を開発するのも人によって行われる。効率的な生産システムや情報・物流システムも，すべて人が考えつくり出すのである。したがって，企業経営においては，事業の目的を達成するべくいかにそれぞれの人に働いてもらうかが重要な課題である。

　そこで管理者は，従業員の貢献を引き出し，その貢献を通じて達成される仕事に重要な責任がある。管理者は，従業員が仕事をすることを支援していかなければならない。

　いかに仕事意欲を高め貢献を引き出すかについて，組織の中の人間行動の問題は，モティベーションとリーダーシップを中心に研究されてきた。はじめにモティベーションについて説明しよう。

5.1　モティベーション理論

⑴　モティベーションの定義

　モティベーションは，動機づけと訳される。動機づけとは，何かに向かって行動をおこそうとするこころの働きをおこすことである。あるいは，何か目標とするものがあって，それに向けて，行動を立ち上げ，方向づけ，支える力である（田尾雅夫）。

　人がなぜ行動をおこすのかを説明する基本的な考えは，次のようなもので

第5章　モティベーションとリーダーシップ

図5-1　欲求と満足の関係

満たされていない欲求 ──→ 緊張 ──→ 解消行動 ──→ 欲求満足

ある。すなわち，人は何らかの欲求をもち，その欲求が満足されないとき緊張や葛藤が生まれ，欲求を満足させる達成目標を探索する行動を強めるとともに，緊張を緩和するため目標に向けて努力する。そして，行動をおこすことによって満足されていない状態が解消されるとき，満足の状態に到達すると考えるのである。

　つまり，個人は，緊張を解消するために目標に向けて努力し，能力を高めて取り組んだときに緊張が解消され満足を得ることができる。このようにして個人が能力を発揮して仕事上の問題を解決してくれるならば，企業もまた組織としての目標を達成できるようになる。それゆえ，組織のリーダーシップは，組織としての目的を達成する行動への動機づけをすることである。

　モティベーション理論は，組織においてこのような緊張状態や行動を引き起こす要素やメカニズムを主に研究している。人の行動は，内的要因である欲求のほかにも，それに影響する多くの外的要因がかかわって引き起こされるが，モティベーション理論は，まず人間の欲求を中心に行動を説明してきたのである。

　モティベーションの理論は，大きく2つに分けられる（図5-2）。何が（what）人間の行動を動機づけるかを説明する実体理論（内容理論ともいう）と，人間行動がどのように（how）動機づけられるかを説明するプロセス理論である。実体理論には，人間の欲求に階層があるとする欲求階層説，満足要因と不満足要因によって行動を説明する動機づけ―衛生理論，達成欲求によって行動を説明する達成動機づけ理論などがある。

　プロセス理論には，繰り返すことによって動機づけが強められるとする強化理論，目標と現実の間のギャップや不公平を解消しようとする公平理論，結果に対する期待と報酬の魅力によって動機づけがされるとする期待理論がある。

　なお，動機づけの研究を意図したものではないが，伝統的管理論や人間関

図 5-2 モティベーション理論の分類

係論においても一定の組織観，人間観があり，組織における動機づけについての見方が含まれている。したがって，その意味では，伝統的管理論や人間関係論も動機づけを説明している。しかし本章では，動機づけを研究の対象とする狭義のモティベーション理論を検討することにしよう。はじめに，現在のモティベーション研究の重要な基礎となったマズローの欲求階層説から説明しよう。

(2) **欲求階層説**
1) 欲求階層説の基本的仮定

人間の行動を欲求によって説明するのが欲求理論である。その中でも代表的な理論である欲求階層説は，A. H. マズローが提唱した人間の欲求と行動に関する理論である。マズローは，実体理論の初期研究として知られる H. A. マレーの欲求理論をもとに，人間行動を欲求にもとづいて説明しようとした。

マズローは，人間の行動について次のような基本的仮定をおいている。第1に人間は何らかの欲求をもつこと，第2に人間行動は自己の個人的欲求を満足させるプロセスであること，そして第3に人間の欲求は低次の欲求から高次の欲求へと階層を形成している，という仮定である。

2) 欲求の階層

続いてマズローは，人間の欲求を5つの基本的な欲求に分類している。その5つの欲求とは次のものである。

第1に生理的欲求がある。生理的欲求は生物としての人間が自己を維持し

図5-3 欲求階層モデル

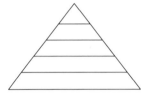

ていく欲求（食物，水，睡眠，運動などについての欲求）である。

第2に安全の欲求がある。安全の欲求とは安全を求める欲求，不確実な状況の回避の欲求である。身体的危険を避けたり，安心して住む場所を求めたりすることとかかわっている。

第3に帰属欲求があり，集団への帰属，愛情，友情を求める欲求である。集団に帰属し，受け入れられたり認められることなど，人との相互作用を求めるという点で社会的欲求ということができる。

第4に尊厳欲求があり，他者から尊敬されたいとする欲求である。

第5に自己実現欲求がある。自己実現の欲求とは自分らしく生きたい，自分の才能を発揮したいなどの自己の成長の欲求である。

このようにマズローは，人間には5つの基本的欲求が存在することを明らかにしている。そして，これらの欲求が階層をなして存在し，欲求が低次欲求から高次欲求へと段階的に移行することを示している。この考えでは，低次の欲求を満足した場合，その欲求は弱まり1段階上の欲求が強まる。すなわち新しい欲求を充足しようとする行動が生じる。欲求は順次高度な欲求へと移っていくのである。しかし，最上位の欲求である自己実現の欲求は完全に満足されることはなく，人間はさらに高い自己実現を求めるものと考えられている。

3） 欲求階層説の意義

マズローの欲求階層説は，モティベーション研究において重要な出発点となっている。その理由は，

第1に，マズローは人間の行動が欲求によって引き起こされることをわかりやすく説明している。

第2に，自己実現欲求という新しい概念を導入したことである。

第3に，欲求に階層性があるという大胆な仮定をおいたことである。

彼の理論は，欲求を5つの階層によってとらえたことで，欲求五段階説とも呼ばれている。こうして欲求階層説は，後の動機づけ研究の基礎となり，多数の実証研究を刺激した。

4）　欲求階層説の問題点

ところが，マズローの欲求階層説では次のことが未解決になっている。

第1に5つの欲求が階層をなしていることを証明する問題がある。人間の欲求構造は本当にマズローのいうように階層をなしているのかどうかということ，さらにもし階層をなしているとして，具体的にどの程度欲求が満たされれば上位の欲求へ移行するのかがはっきりしていないのである。

第2にこの理論は，人間の心理の中に常に5つの欲求があり，欲求によって行動を説明できると考えている。しかし，実際には，欲求は内部的要因によって強くなったり弱くなったりするだけでなく，外部条件に影響されると考えられる。

例えば，給与に対する欲求は周囲と比較したときに強くなったり弱くなったりする。欲求は，組織の中の仕事や人間関係，社会的な比較の中で強められたり弱められたりしている。人間の行動は外部条件によって影響されているのである。

これらの問題点があるために，マズローによる欲求階層説は，十分に実証されたとはいえないと考えられている。しかし，それにもかかわらず，欲求階層説は明確な仮説を提示し政策的な示唆に富んでいる。欲求構造にもとづいて新しい管理方針を示唆した点で，政策的に重要な意味があった。

⑶　ハーズバーグの動機づけ―衛生理論

1）　動機づけ―衛生理論の発見

次に F. ハーズバーグは，従業員の職務態度を調査し，仕事に対する満足，不満足の原因を分析している。その分析の結果，次のことが明らかになった。まず，不満足の要因として頻度の高いものは監督者，会社の方針，

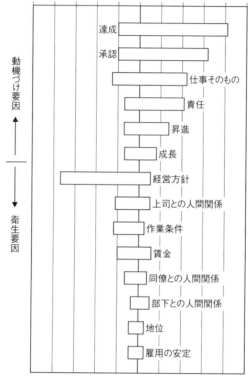

図 5-4　ハーズバーグの動機づけ要因と衛生要因

(出所)　Herzberg, F., *Work and the Nature of Man*, 1966.
田尾雅夫『モチベーション入門』1998年, より引用。

給与, 対人関係などであった (図 5-4)。次に, 満足の要因として頻度の高いものは, 達成, 承認, 仕事自体, 仕事責任, 昇進であった。

　満足の原因となるものが不満足の原因となることは比較的少なく, 逆に不満足の原因が満足の原因となることも比較的少ないということが明らかになった。

　こうして, ハーズバーグは, 監督者, 会社の方針, 給与, 対人関係, 作業条件は, 仕事の環境に関連する要因であると考えた。その意味で, これらの

5.1 モティベーション理論　　　　191

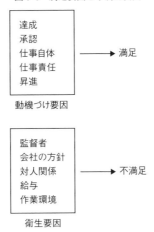

図 5-5　満足要因と不満足要因

要因は衛生要因と呼ばれている。これに対し，仕事の達成，達成の承認，仕事自体，仕事責任，昇進は，従事している仕事に直接，関係している要因で，満足をもたらす動機づけ要因であるとみなされた。

　つまり，ハーズバーグは，図5-5のように，衛生要因と動機づけ要因が，独立に働いていることを指摘したのである。このように，ハーズバーグの理論は，2つの要因があることから，二要因理論とも呼ばれている。

　満足と不満足が独立であるということは，次のことを意味している。満足要因は不満足要因と切り離されているので，満足をおこす要因を欠く，あるいは満足をおこす力が弱いということは不満足には直接結びつかないのである。満足の反対は不満足ではなく没満足（満足がない）であり，不満足の反対は満足ではなく没不満足（不満足がない）であることになるのである。したがって，不満足を解消するには，満足をおこす要因を見つけて刺激するのではなく，不満足をおこしている要因を取り除くことが重要となる。

2）　動機づけ―衛生理論の適用と問題点

　動機づけ―衛生理論は，満足と不満足をもたらす要因がそれぞれ独立に働いていることを指摘した点で，動機づけについての新しい発見であった。それまでの考えでは，経済的報酬が多ければ満足し，少なければ不満足になる

というように，満足を起こす要因も不満足を起こす要因も同一で，その充足度や強さが違うと考えられてきたからである。それに対し動機づけ—衛生理論は，満足要因と不満足要因が別物であることを指摘したのである。その発見によって，動機づけ—衛生理論は，実践的な場面でより適合的な政策を示すことができるようになった。

　新しい見方を提示した動機づけ—衛生理論であるが，問題点も指摘されている。2つの点を指摘しておこう。

　第1に，その調査方法に関してである。それは，人間の次のような性質にかかわっている。つまり，人間は，成功や功績を自分の努力や遂行の結果とみなしたがる傾向があり，失敗を環境のせいにしたがる傾向があるということである。満足について質問しその原因を尋ねれば，人間は自分の努力を原因にする傾向がある。逆に，不満足について質問しその原因を尋ねれば，人間は環境をその原因にする傾向があるのである。調査方法によるかたよりのために，満足と不満足をおこす要因をそれぞれ過大に評価してしまう可能性があるのである。

　第2に，動機づけ要因と衛生要因の区分を強調しすぎると，過度の単純化になる。この点は，図5-4の調査結果から見ても，厳密には結論することができないと考えられる。

　例えば，動機づけ—衛生理論では，経済的報酬が不満足をおこす要因として描かれているが，それは経済的報酬が自己実現欲求を満足させる手段になったり，達成感や他人からの尊敬を得るための手段ともなりうることを過小に評価している。むしろ，経済的報酬は動機づけ要因として相当に働いていると考えられるであろう。

⑷　**X理論・Y理論**

1)　両極にある2つの仮説

　次にD.マグレガーは，人間の自己実現欲求を人間の欲求の最高位におくマズローの欲求階層説を基礎に，伝統的管理論や官僚制理論に見られる人間のタイプをX理論と呼び，自己実現欲求にもとづく自己実現的な人間のタ

イプを Y 理論と呼んだ。この両極にある 2 つのタイプの人間像は，X 理論・Y 理論と呼ばれている。ここでの理論とは，仮説の意味である。

X 理論は，人間は生まれながらにして働くのが嫌いである，という見方である。仕事が嫌いな人間は，仕事をすることについて受け身であり，強制され統制されることが必要になる。そのため，仕事意欲を引き出すように強い働きかけが必要で，管理の方法は命令と統制にもとづくものとなる。細かく行動を監督し統制する管理となり，平たくいえばアメとムチになる。

これに対し Y 理論は，人間は働くのが嫌いではなく，条件によっては進んで働くものであるという見方である。条件によっては，進んで責任も引き受けるのである。これは人間の主体性を認める人間観である。人間は，多様なかつ高度の欲求をもち，その欲求を満たしたいと思っている。したがって，その欲求を満たすように動機づけが行われるならば，仕事意欲を高め，その能力を発揮することができると考えるのである。

X 理論は命令と統制による管理を基本とするのに対し，Y 理論は自己管理・自己統制を基本としている。Y 理論は，人間には多様なそして高次の欲求があり，それらを刺激することによってより高い能力を引き出すことができると考えている。人間は未開発の資源であるとみなされ，適切な動機づけによって意欲を高め能力を引き出すことができるととらえられる。そのため，その理論は人的資源論と呼ばれるようになった。その視点に立てば，個人の自己実現欲求が仕事を遂行していく過程で満たされていくように仕事を与え，個人の能力を生かし，組織目標を達成することが必要となる。

これら 2 つの仮説は，もちろん極端な仮説である。現実の人間はもっと中間的であったり，2 つの側面をもちながら状況によって使い分けている可能性がある。しかし，こうして 2 つの人間のタイプを抽出することによって，その特徴が明白になるとともに，政策的に何をなすべきかその方向性をはっきりと示すことができるのである。X 理論・Y 理論が他の欲求理論と違う点は，欲求そのものの説明に焦点をおくのではなく，欲求を前提にした人間の性質についての仮説となっていることである。

2) Y理論から導かれる施策

　大規模な組織は，役割分担を進め，規則や命令系統を明確にして効率をあげようとする結果，X理論の側面を強める。しかし，それだけでは持続的に仕事意欲を引き出したり自己実現欲求を満たすことが難しい。人間の多様な欲求やその満足を考えないからである。X理論とY理論の考えは，組織において補完的役割をはたすことができるものである。

　欲求階層説を基礎にしながら，新しい人間像を示したY理論は，新しい政策的意味を示している。参加的経営，目標管理，職務拡大，職務充実などが，Y理論から導かれる施策である（野中郁次郎）。

　第1に，参加的経営は，従業員に参加の機会を与えることによって主体性を高め，自己実現欲求を満たすことを可能にする。参加は，従業員が自分の考えをもったり発言する機会があるので，能動的な取り組みが期待できるのである。職場でのQCサークルにおける個人の参加は，改善目標の達成や品質・生産性の向上に大きな効果をあげてきた。

　第2に，職務拡大は，仕事の種類を広げることである。仕事の範囲が広がった分だけ，仕事に多様性が生まれ自分の能力を発揮する機会を広めることになる。複数の技能を身につけ作業を行うことができるようにする多能工化は，その一つの例である。

　第3に，職務充実は，仕事の流れに沿って仕事の範囲を広げ，まとまりのある意味のある仕事を与えることである。従業員が仕事により大きな自由と責任をもって取り組めるようにする。それによって創造の喜びや仕事の意味を感じることができるようにするのである。スウェーデンのボルボ社で，自動車組立のベルトコンベア方式を廃止して少人数で完成車を組み立てる方式にしたのが有名な事例である。

　続いて，第4の目標管理は，組織活動としての制約の中で，それぞれの職務について従業員自らが目標を立て，実行し，その成果を自己評価することを通して組織目標の実現に努力する仕組みであり，同時に動機づけをする手法である。生産部門で不良品率を下げたり，改善提案をしたり，生産性をあげたり，営業部門で販売増加や新規顧客開拓の目標をかかげ，その目標達成

5.1 モティベーション理論

に努力する場合などに行われている。

⑸ 公平理論

公平理論は，他の人と比べたときに，自分の得ているものが公平であることを求める人間の欲求を説明している。もし不公平であると感ずると，そのときに行動がおこるのである。つまり，公平理論は，個人が不公平を感じるとそれを解消するためにモティベーションが働く，という基本的な仮定をおいている。

それは，従業員が組織に提供するインプット（貢献）と組織が従業員に提供するアウトカム（報酬）の他者との比較から，公平および不公平を定義している。これらは次のように定式化される。

① $\dfrac{Os}{Is} \quad < \quad \dfrac{Oo}{Io}$

② $\dfrac{Os}{Is} \quad = \quad \dfrac{Oo}{Io}$

③ $\dfrac{Os}{Is} \quad > \quad \dfrac{Oo}{Io}$

Is ：自己のインプット
Os：自己のアウトカム
Io ：他者のインプット
Oo：他者のアウトカム

不公平とは，自己のアウトカム／インプットの比率が他者のアウトカム／インプットの比率と比べて小さいと知覚した⑴の状態である。いわゆる，他者との不均衡が知覚されると，不公平を感じさせるのである。

②の状態は，公平であると感じる場合である。③は，自分が過大に評価されていると感じる場合で，不公平を感ずるというよりそのことを忘れたり合理化してしまう行動がおこりやすい。

要するに，従業員が組織に提供したものに対する見返りが，他者のそれと比べて少ないと知覚する場合に不公平を感じるのである。そして，この不公平

の知覚が，それを解消する行動のモチベーションになると考えるのである。

自分が不公平に扱われていると感じたときには，一般に，次のような行動が現れやすい（ロビンズ）。第1に，自分や他の人のインプット（貢献）あるいはアウトプット（報酬）の評価を変える。第2に，他の人の貢献あるいは報酬を変えるように行動する。第3に，自分の貢献あるいは報酬を変えるように行動する。第4に，あきらめて別の比較対象を選ぶ。第5に，仕事を辞めること，などである。

(6) **期待理論**
1) 期待理論の定式化

次に，期待理論は，モチベーションの代表的プロセス理論で，V. H. ブルームやE. E. ローラーなどによって展開されてきた。それは，人間が何かを実行するとき，努力すればある仕事を達成できるという期待と，達成した仕事によって得られる結果の魅力で，モチベーションを説明しようとする。簡単には，得られるであろう結果の期待と結果の魅力の積でモチベーションは説明される。

ここでかけ算になっているのは，努力すれば何とかなるものでも，魅力がなければモチベーションは高まらないこと，また，どんなに魅力があったとしても，努力が報酬に結びつくと考えられない場合，モチベーションは働かないことを示している。一方が極端に低いとモチベーションは働かないのである。モチベーションは期待と魅力の和ではない，ということに注

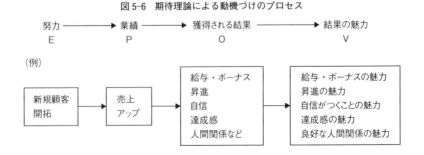

図5-6　期待理論による動機づけのプロセス

意が必要である。

　期待理論をさらに詳しく述べると，図5-6のように，モティベーションの強さは，努力が業績（仕事の達成）を生む可能性（E→P期待），業績（仕事の達成）が結果（報酬）を生む可能性（P→O期待），獲得される結果に対する魅力（V）によって説明される。努力，業績，獲得される結果，獲得される結果の魅力，の4つの要因によってモティベーションのプロセスが説明されるのである。

　以上の関係を定式化すると，モティベーションの強さは，次のように書くことができる。

$$M = (E \rightarrow P) \cdot \sum [(P \rightarrow O_i) \cdot (V_i)]$$

　一般に，ある仕事を遂行することによって個人が組織から得る報酬は，給与とか昇進とか，同僚からの評価や仕事の達成感など複数あると考えられる。そのため，1つの（E→P）期待に対して，複数の結果（P→O）の期待と魅力（V）がある。それらを合計したものが全体の報酬である。そのために，総和を表す記号であるシグマ∑がついている。そして，報酬の大きさによって期待する満足が高められたり低められたりする。

　こうして得られるであろう報酬とその魅力についての期待にもとづいて，現実の行動が開始される。もし期待した結果が得られなければ，欠勤，離職，ストライキ，苦情などの行動になって現れるのである（図5-7）。

　2）　期待理論にもとづく政策

　上に述べたように，期待理論は，従業員の動機づけを期待と魅力によって説明している。それは，動機づけの要因とプロセスを明らかにすることによって，管理政策に対して有効な指針を与えている。

　その点を上式(E→P)・$\sum [(P \rightarrow O_i) \cdot (V_i)]$を使って考えてみよう。

　第1に，適切な動機づけを行うには，個人の欲求が何か理解すること，個人について魅力的な報酬が何か理解することが求められる。獲得される結果の魅力（V）について，どのような重みをつけるかは個々人で異なっているであろうから，それを理解することが求められる。何を魅力と感ずるかは個

図 5-7 ローラーの期待モデル

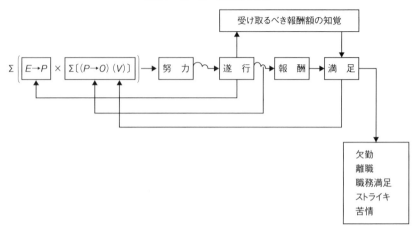

（出所）　E. E. ローラー『給与と組織効率』1972 年。

人差があるのである。したがって，個人差を理解したインセンティブ（誘因）を用意することが必要である。

　第2に，組織は，業績を達成したときに，貢献した個人にいかなる報酬を与えるのか（P→O），魅力的な報酬を提供するとともに，業績と報酬の関係を明確にすることが，インセンティブを用意することになるであろう。そのために業績評価基準を明確にし，業績が魅力ある報酬を与えるような，インセンティブシステムの構築が必要である。公平に扱われているとか，評価されていることを示す方法が求められている。

　第3に，努力すれば業績が高まる（E→P）ように，従業員が仕事をしやすい環境をつくることである。そのためには，仕事の目標を示すこと，役割を明確にすること，仕事の仕組みを合理的にし，仕事環境を整えることである。それには仕事に必要な能力を高めるための教育や訓練を行うことが含まれる。

(7)　**行動を引き出す誘因**

　個人には様々な欲求があり，それに対し様々な誘因（インセンティブ）が

組織から提供される。個人はある努力をしたときにその努力に対して与えられる誘因の大きさを考えて行動する。期待理論は、この価値の大きさへの期待によって、努力が行われ、その行動の結果としての業績や報酬が具体的に現実となる、と説明している。

では組織は、組織の参加者に対しいかなるインセンティブを提供し、その貢献を引き出しているのであろうか。インセンティブの種類とその働きについて説明しておこう。インセンテイブには、物質的インセンテイブ、評価的インセンテイブ、人的インセンテイブ、理念的インセンテイブ、自己実現的インセンテイブがあると考えられている（伊丹・加護野）。

```
        インセンテイブ                具体例
  物質的インセンテイブ            給与，ボーナス
  評価的インセンテイブ            昇進，表彰
  人的インセンテイブ              良好な人間関係
  理念的インセンテイブ            理念，目標
  自己実現的インセンテイブ        達成感，責任ある仕事，魅力的仕事
```

欲求理論の研究は、人間には、社会的欲求、経済的欲求、自己実現欲求があることを明らかにしてきた。この欲求に関連させてインセンティブを整理すれば、経済的欲求は、物質的インセンティブと大きくかかわっている。社会的欲求は、良好な人間関係の中での承認とか集団への帰属とかかわっている。自己実現欲求は、理念的なインセンティブや自己実現的インセンティブとかかわっている。

そして効果的なインセンティブを与えるには、個人の欲求がなんであるか理解すること、高い魅力をもつインセンティブを与えること、全体としてインセンティブを適切に組み合わせることなどが必要になる。

以上のように、モティベーション理論は、目標の達成に向けて努力する人間行動を説明している。そこで重要なことは、個人がただ単に押しつけられて目標に向けて努力するのではなく、適切なインセンティブを与えられ自己の欲求充足をはかりながら、組織目標を達成することである。それがモティ

第 5 章　モティベーションとリーダーシップ

表 5-1　動機づけ理論の人間像と管理の方針

	人間に対する仮定	人間管理の方針
伝統的理論	1. 人間は仕事がきらいである 2. 金のためにのみ働く 3. 自己統制あるいは自己管理ができない	1. 簡単で反復的な仕事を与える 2. 細かに監督せよ，厳格な統制を維持する 3. 規則と手続きを課す…厳格にしかし公正に施行せよ
人間関係論	1. 人間は自分が重要であると思いたい 2. 認められたい 3. 相談されたい	1. 管理者は計画を討議する…反対意見に耳を傾けよ 2. 反復的な仕事には自己統制を許す
人的資源論	1. 人間は貢献したい 2. 幅広い自己管理と自己統制ができる 3. 未開発の資源である	1. 全員が十分に貢献できるような風土をつくれ 2. 重要な問題に十分参加させる 3. 自己方向づけと自己統制の領域を継続的に拡大せよ
期待理論	1. 人間は自己の利益を最大化しようとする 2. 行為のもたらす報酬を考えて行動する 3. 努力―報酬の確率を考えて行動する	1. 高い誘意性をもつ報酬を知る 2. 正しい役割認知を確認せよ 3. 成果と報酬の結びつきを明確にせよ 4. 個人差を知る

（出所）　R. E. マイルズ，"人間関係か人的資源か"，『ハーバード・ビジネス・レビュー』1965 年7-8 月。野中郁次郎『経営管理』1980 年より引用，一部加筆。

ベーション政策にとって中心的なテーマである。

5.2　リーダーシップ理論

(1)　リーダーシップの意味

　リーダーシップとは，集団や組織において，その目標達成に向けて，ある人が他の人に意図的な影響力を行使する過程である。あるいは，リーダーシップは，何かをしようとする組織や集団をリードしながら，構成員の動機づけを行ってその行動を引き出す行為である。

　組織活動がいかに機械化されたとしても，人の集まりである組織の中で，人が他の人に働きかける側面がなくなることはないであろう。人間の活動なしに集団や組織を動かすことはできないからである。リーダーシップ論は，

5.2 リーダーシップ理論

図 5-8 リーダーシップ論の枠組み

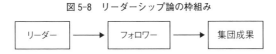

このような集団および組織でのリードするという行為を，次のような構造の中で分析してきた。

図5-8のように，リーダーシップを発揮する主体としてリーダーが存在する。そしてリーダー行動の対象となるのがフォロワーと呼ばれる部下および部下の集団である。したがって，リーダーシップはリーダーとフォロワーの関係として存在する。そして，リーダーとフォロワーの関係は，社会的身分や組織上の地位に固定されず機能的に考えられている。この意味は，地位が高いからリーダーシップを発揮するとはかぎらないということである。

実際，組織上の地位が低い人が実質的なリーダーであることがある。最新の技術や製品の開発の実質的なリーダーは中堅の技術者であることがある。また，事業計画を立案する場合の詳細な情報は，現場情報に詳しく全体を理解できるミドルが実質的に影響力を行使している。トップが形式的には決定権限を保持していても，実質的にはミドルが立案した事業計画を承認するというケースも多い。

事業目的を達成するべく多くの人の活動から成り立つ企業経営においては，リーダーシップが不可欠である。リーダーシップは，特にトップの役割が大きいが，人を動かすという意味では，組織のあらゆるレベルに存在し，また必要である。

狭義のリーダーシップ理論は，生産性をあげたりモラール（志気）を高めるために，職場レベルで直接個人に働きかけるリーダーシップを主に取りあげてきた。そこに多くの研究成果が蓄積されてきた。しかし同時に，リーダーシップは，組織全体とかトップのリーダーシップを分析視野に入れることが必要である。長期的，動態的な視野でリーダーシップを考えることが，組織の存続にとって不可欠であるからである。

これまでのリーダーシップ研究は，その内容によっていくつかのタイプに

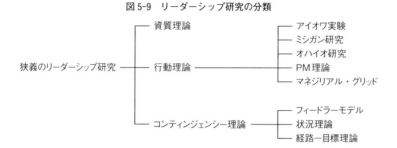

図5-9 リーダーシップ研究の分類

分けることができる。狭義のリーダーシップ研究は、図5-9に示すように、主に資質理論、行動理論、コンティンジェンシー理論の3つである。以下ではそれぞれの理論について説明することにしよう。

(2) **資質理論**

資質理論とは、リーダーシップをリーダー個人の性質、資質によって説明する理論である。それは、すぐれたリーダーとはどういうタイプの人か、リーダーに共通する性格的特徴を説明している。その研究の中で、リーダーの資質として、勇気、決断力、支配欲、誠実さ、自信、知性、社交性、自己統制力などが指摘されてきた。すぐれたリーダーが、普通の人にはない資質を備えていることはたしかに多い。

しかし、資質論には次のような問題点がある。第1に、すぐれたリーダーに共通する資質として何がどの程度重要かという結論は、簡単に導けそうで導けないことである。

たとえば、織田信長と豊臣秀吉と徳川家康という戦国時代の3人のリーダーを比較して、共通の性格とか資質をあげるのは簡単ではないだろう。資質理論が明らかにしていることは、リーダーのある特定の資質は成功の可能性を増大するということであって、成功をもたらす資質が何か簡単に結論できないのである。

第2に、リーダーシップはリーダーとフォロワーの関係があって初めて成立する現象である。ところが、資質論はリーダーの資質のみを取りあげ、

リーダーシップの影響を受ける人の欲求や心理を見過ごしている。つまり，リーダーの影響を受ける人がなぜリーダーの影響を受けるのかについては，影響される側の観点が必要であるということである。

第3に，資質論では，リーダーシップを個人の資質に帰属させるため，リーダーシップの学習が困難になることである。リーダーシップが特定個人の資質に結びついて切り離すことができないならば，組織で求められるリーダーシップを学習することができないことになるであろう。

資質論には，このように課題もあるが，社会が混乱しているときには偉人待望論が強くなり，状況を打開する指導力のあるリーダーを求める傾向がある。

(3) **行動理論**

次にリーダーシップ研究は，いかなる資質が重要かの研究から，どのようなリーダー行動が有効かの研究に焦点を移してきた。行動理論は，有効なリーダーシップをリーダーの行動から説明する理論である。行動理論は，生まれつきの資質ではなくリーダー行動を中心にリーダーシップを考えるもので，リーダーシップが学習できるあるいは訓練できると考える点で，資質理論と大きく異なっている。代表的な研究として，アイオワ実験，オハイオ研究，PM理論，マネジリアル・グリッド論などがある。

1) アイオワ実験

K.レヴィンは，行動理論のきっかけとなるリーダーシップの型に関する実験を行い，リーダーシップ・スタイルを専制型，民主型，放任型の3つに類型化している。3つの実験グループがあり，それぞれのグループのリーダーは，決められたリーダーシップ・スタイルをとるように指示され，そのグループの行動や成果が調べられた。

専制型とは，リーダーがすべての方針を決定し，仕事の仕方まで命令するタイプである。民主型は，方針を集団討議によって決定し，リーダーはこれに激励と援助を与えるタイプである。放任型は，リーダーが方針から具体的な仕事の仕方まで全て集団に任せてしまうタイプである。

そして，集団に対する3つのリーダー行動の影響が調査された。その結果，専制型では集団の間に敵意と攻撃性が高く，仲間を犠牲にすることが多いことに加え，部下の不満が多く，リーダーに頼ることが多いことがわかった。次に放任型では，仕事の質も量も最低レベルであった。これに対し，民主型では集団の仕事意欲や創造性が高いこと，さらに集団の中に団結や友好的な雰囲気がつくりあげられていた。こうして，レヴィンは民主型のリーダーシップが有効であることを明らかにしたのである。

2）オハイオ研究

リーダー行動を仕事中心的行動と従業員中心的行動に分けたミシガン大学のグループによる研究と同様，オハイオ大学の研究は，リーダーシップのスタイルを「構造づくり」と「配慮」の2次元の行動によって説明している。そして，オハイオ研究は，有効なリーダーシップ行動を明らかにするため，現実のリーダー行動を記述・測定する手法を開発している。

第1の構造づくりとは，目標の達成に向けて効率的に職務を遂行するのに必要な構造ないし枠組みを部下に示すリーダー行動である。部下の役割やなすべき課題を明確化し，部下にタスクを割り当て，職務遂行の手順やスケジュールを設定することで，部下に仕事を指示していくのである。

第2の配慮とは，集団内での相互信頼，部下のアイデアや考え方の尊重，部下の気持ち・感情への気配りなどによって良好な人間関係を生みだすリーダー行動のことである。リーダーが部下の要望を聞き入れたり，部下の感情や欲求に配慮することで良好な人間関係が生まれるのである。

ここで注意すべきことは，これら2つの行動が1つの線上の両端にあるのではなく，X軸とY軸のように独立した次元の行動であるということである。すなわち1人のリーダーが両方の行動を同時に遂行できるのである。

こうして，リーダーの行動スタイル（リーダーシップ・スタイル）が明らかになったが，続いて，行動スタイルと成果との関係が研究されるようになった。いかなるリーダーシップ・スタイルが有効か，の研究である。

3）マネジリアル・グリッド

上に述べたように，行動理論は，リーダーの行動スタイルとして，「構造づ

くり」と「配慮」の2つの次元があることを示してきた。呼び方が違うものの，類似の行動スタイルとして，P機能とM機能，あるいは「仕事中心的行動」と「人間関係中心的行動」の行動スタイルに分類されている。そして，仕事の達成に対するリーダー行動と人間関係に対するリーダー行動を重視し，両方の行動が高いほど集団成果が高まることを明らかにしている。

例えば，R. R. ブレークとJ. S. ムートンは，マネジリアル・グリッドと呼ばれる方法で，リーダーシップ・スタイルを分類している。マネジリアル・グリッドは，図5-10のように，縦軸に人間に対する関心，横軸に業績に対する関心をとり，将棋盤のように格子状（グリッド）に線を引いたもので，その中から5つのリーダーシップ・スタイルを明らかにしている。

5つのリーダーシップ・スタイルとして，1.1型は，最小限の努力だけを払うスタイルで，無関心型と呼ばれる。1.9型は組織の中の人間関係がうまくいくように注意を行きとどかせて，組織の雰囲気は居心地がよく仕事のテンポも程々であるスタイルで，カントリー・クラブ型と呼ばれる。9.1型は人間的要素は最小限しか配慮しないで能率を追求するスタイルで，権威・服

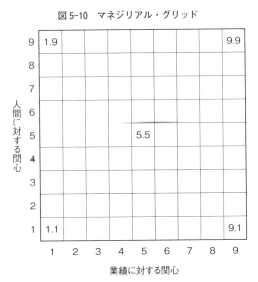

図5-10 マネジリアル・グリッド

（出所）R.R. ブレーク＆J.S. ムートン『動態的組織づくり』1969年。

従型と呼ばれている。5.5型は業績への関心と人間への関心をバランスを
とって，組織がある程度満足にその機能を発揮できるスタイルで常識人型で
ある。9.9型は，チーム・マネジメント型と呼ばれ，組織目的の達成への意欲
の上に各人の自主性が守られ，信頼感と尊敬による人間関係ができあがる。

　ブレークとムートンは，これらの中で9.9型を最も有効なリーダーシッ
プ・スタイルであるとしている。

　4）　PM理論

　行動理論の立場からリーダーの行動スタイルと有効性の関係を実証的に研
究し，研究を大きく前進させたPM理論は，三隅二不二によって提唱され
たリーダーシップ理論である。それによるとリーダーシップは，P機能の次
元とM機能の次元の2つの次元でとらえられる。

　P（performanceの略）は，集団目標達成を示し，課題遂行と呼ばれる
リーダー行動である。それは職務遂行上の指示や指導に重点をおく仕事中心
的行動である。次に，M（maintenanceの略）は集団を維持し強化すること
で，集団維持と呼ばれる。それは人間関係中心的なリーダー行動である。

　PM理論は，図5-11のようにPとMの2つの次元のマトリックスから4
つのリーダーシップ類型を取り出している。4つの類型は，PM型，P型，
M型，pm型である。大文字はその機能が強いこと，小文字はその機能が弱
いことを示している。

　三隅は，生産性，モラール，苦情率，欠勤率などについて4つの類型のど
れが有効か調査を行った。そして，PM型のリーダーシップがいずれも良い
成果をあげており，PM型がもっとも有効であるという調査結果を明らかに
した。このPM理論は，リーダー行動と成果について，実証データによる
分析結果を示し行動理論の発展に大きく貢献した。

　しかし，表5-2からわかるように，PM型のリーダー行動が高い生産性を
もたらすことが多く有効性が高いことが実証的に示されたが，PM型のみが
有効であると断定するものではない。P型，M型，pm型がまったく有効で
ないわけでもないことに注意する必要がある。

　その理由を考えると，例えば，pm型は仕事が困難なときにリーダーが放

5.2 リーダーシップ理論

図 5-11 PM理論のリーダーシップ類型

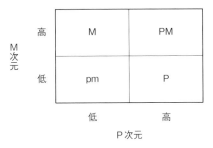

表 5-2 リーダーシップスタイルと生産性の関係

リーダーシップスタイル	高い生産性群に占める割合	低い生産性群に占める割合
PM	49.4%	21.7%
P	15.4	22.8
M	15.4	14.5
pm	19.8	41.0

$\chi^2 = 17.07$, $P < 0.001$

(出所) 三隅二不二ほか「組織におけるリーダーシップの研究」1970年。

任していれば結果は良くないかもしれないが、仕事が安定していたり従業員一人一人の能力が高い場合にはむしろ委譲することによって成果をあげる場合があるだろう。したがって、リーダーシップ・スタイルだけからでは説明できない部分が残っている。そのため、何か別の要因が影響しているのではないかと考えなければならないことがわかってきた。

以上のようにリーダーシップの行動理論は、リーダーシップ・スタイルから、有効なリーダーシップを明らかにしている。しかし、常に有効なリーダーの行動スタイルがあるかどうかについては疑問が出されるようになった。状況の違いによって、違ったリーダー行動が求められるのは経験的にしばしば確認されるからである。

リーダーシップがリーダー自身の資質や行動特性にかかわることは明らかであるが、しかし同時に、リーダーシップが発揮される状況に依存することも当然であろう。リーダーシップは集団や組織に見られる現象であり、集団や組織の状況は様々であるからである。

(4) リーダーシップのコンティンジェンシー理論

　企業，政治，スポーツにおいて，様々な国のリーダーの行動を見ると，リーダーシップのあり方に違いがあることに気づくことがある。そして，経営者の役割，プロ野球の監督の行動，政治的指導者の権限行使の仕方など，なぜリーダーシップのあり方が違うのか考えることがあるだろう。

　そこでリーダーシップ理論は，リーダーシップ・スタイルの他に，仕事の状況やメンバーの特性のような状況要因を重要な説明変数として加えて考えるようになった。それは，リーダーシップのコンティンジェンシー理論と呼ばれる。

　その基本的考えは，リーダー行動（リーダーシップ・スタイル）と状況要因によってリーダーシップの有効性が決まるというものである。リーダーシップのコンティンジェンシー理論と呼ばれるものには，フィードラー理論，状況理論，経路—目標理論などがある。

　F. E. フィードラーは，業績がリーダーシップのスタイルと状況の適合関係に依存していることを指摘し，最初にコンティンジェンシーの考え方を展開した研究として評価されている。これに対し，P. ハーシーと K. H. ブランチャードの理論は，部下の成熟度（能力と意志）を状況変数として組み入れた状況理論を展開し実践的によく受け入れられてきた。R. ハウスによる経路—目標理論は仕事の特性と部下の特性をリーダー行動に組み合わせたコンティンジェンシー理論である。

　このように，状況要因をとらえるリーダーシップの研究では，フォロワーの成熟度，仕事環境の不確実性，集団の特性としての人間関係の善し悪しなどが状況要因として検討されてきた。

図5-12　リーダーシップのコンティンジェンシー理論の枠組み

1) 状況理論（SL理論）

ハーシーとブランチャードは、リーダーシップが有効であるためには適切なリーダー行動が必要であるが、その際、リーダー行動の影響を受けている部下の特徴を考慮する必要があると指摘している。この理論では、状況要因として部下の成熟度を導入してリーダーシップの有効性が議論されている。

まず、リーダー行動として仕事中心的リーダー行動と人間関係中心的リーダー行動を組み合わせる。

次に、状況要因として、部下の成熟度が導入されている。部下の成熟度は、部下が自分の仕事に責任を果たす能力と意志によって説明される。そこでは、能力と意志が高いほど部下の成熟度は高くなり、能力と意志が低いほど部下の成熟度は低いことになる。そして、部下の成熟度の程度に応じたリーダー行動が要請されるのである。

こうして、部下の成熟度という観点から、有効なリーダーシップ・スタイ

図5-13　リーダーシップの状況理論モデル

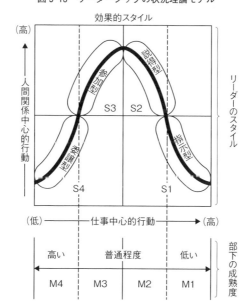

（出所）P.ハーシー＆K.H.ブランチャード『行動科学の展開』1978年、一部修正。

ルが導かれることになる。図5-13は，リーダーシップと部下の成熟度を組み合わせた有効なリーダーシップ・スタイルを明らかにしている。

すなわち，第1段階では，部下が仕事を遂行する能力や意志が不足する成熟度のもっとも低い段階であり，指示型のリーダーシップが有効であるとされる。指示型は，タスク志向が強く人間関係志向の弱いリーダーシップ・スタイルであり，リーダーは部下の役割を明確にし，どの仕事をどのようにするのかを指示する。

第2段階は，部下に仕事をする意志があるものの能力が低い段階であり，説得型のリーダーシップが有効である。

第3段階は，部下は，仕事を遂行する能力はあるが遂行する意志が不足する段階であり，成熟度が比較的高い場合で，自主性を高める参加型のリーダーシップが有効である。参加型は，タスク志向性が弱く人間関係志向の強いリーダー行動であり，部下を意思決定に参加させ，主体性を強めるリーダーシップである。

第4段階は，部下が仕事を遂行する能力と意志の両方を有する段階であり，もっとも高い成熟度にある段階で，委譲型のリーダーシップが有効である。委譲型は，部下の成熟度が高いので，部下の主体性にまかせることができる。したがって，タスク志向と人間関係志向の両者とも弱いリーダー行動である。

このように，ハーシーとブランチャードは，部下の成熟度によって異なるリーダー行動が適していることを明らかにしている。

コンティンジェンシー理論から指摘できる基本的なことを分かりやすくいえば，事業環境が突然大きく変わって何をしたらよいかわからない（つまり部下が自分で判断できない）ときには，リーダーは構成員に対して何をなすべきか示すことが求められる。これはなかなか勝つことができないサッカーや野球チームの監督でも同じである。反対に，部下の能力が高かったり，仕事がルーチン化されているときには，細かな仕事の指示を行うよりも，メンバーの主体性を尊重した動機づけを行い良好な人間関係を維持することが，リーダーに求められるということである。

1980年以降になると，リーダーシップ研究は，組織の変革や再活性化を

するリーダーシップに関心が向けられはじめた。その背景には，組織の目標や事業を所与とする仮定の下で，職場での個人への影響力にリーダーシップ研究を限定することには限界があるからである。世界的な市場構造の変化と競争激化の中で，組織全体の変革や存続とかかわるリーダーシップを説明する新たなリーダーシップ論が求められてきた。

　その１つは，リーダーシップを組織の従来の価値や秩序の変革にかかわるプロセスとしてとらえ，変革型リーダーシップ論と呼ばれている。変革型リーダーシップ論は，リーダーシップ研究を組織全体にかかわる戦略的リーダーシップの分析に近づけるものとなっている。

5.3　参加とリーダーシップ

⑴　参加の背景

　すでに見てきたように，モティベーションやリーダーシップの研究は，組織の中の個人の仕事意欲を高め集団の成果をあげる重要な方法として参加を示唆している。ここで参加とは，集団あるいは組織の存在を前提として，そこでの決定や活動に個人が加わることである。それは広義には，経営上の意思決定への参加のみならず，協議への参加，職場での参加・提案も含めている。参加は，組織運営の立場からは，従業員の仕事意欲を引き出し，積極的な行動を促すように働きかけるものである。

　企業における参加には，実践的，理論的にいくつかの重要な展開がある。まず実践的な面では，第１に，ドイツの共同決定法と経営組織法に見られる労働組合による経営参加がある。ドイツでは，労働組合による経営参加が進み，労働組合の代表者が監査役会（わが国の取締役会に近い）構成員に選出され，経営上の意思決定への参加が法律的に定められている。企業を株主だけのものとせず，労働者の代表と使用者の双方による共同事業とみなしている。

　第２に，経営協議会等の名前の下で行われる労使協議制による参加がある。経営合理化計画，人員削減計画，設備投資計画などにおいて労使双方に

よる協議が行われ，労働組合による実質的な経営参加が行われている。

　第3に，わが国で顕著な職場における小集団活動である。特にQCサークルを通して，従業員が提案したり発言する機会を与えられ，日常活動の場での個人の参加が進んでいる。QCサークルは，もともと統計的品質管理を実践するために，職場集団の取り組みを品質管理や改善活動その他に広げて実践する職場の小集団活動である。それは個人の行動を強め，品質および生産性の向上に大きな効果をあげてきた。提案制度，目標管理などが広く実践され，参加の工夫をしている。

　次に，参加の理論的研究としては，リーダーシップの型に関するレヴィンの実験，マグレガーのY理論，R.リッカートの参画的経営の理論などがあり，参加の有効性を裏づける理論を展開している。

　第1に，レヴィンは，既述のように，リーダーシップの型に関する実験を行い，専制型，民主型，放任型というリーダーシップのタイプのいずれのリーダーシップがよい成果をもたらすか研究した。その実験によって，レヴィンは民主的で参加的なリーダーシップがよい結果をもたらすことを示した。

　第2に，人間には複数の欲求があり階層をなしているという欲求階層説を基礎にしたマグレガーのY理論は，人は条件次第では進んで仕事をし，責任を引き受けると仮定している。責任をもたせたり，参加させることが，仕事意欲を高め，積極的な行動を引き出すことを示したのである。

解説：QCサークル

　QCサークルとは，品質管理運動を行う職場の小集団のことをいう。QCとは，Quality Control（品質管理）のことである。第二次大戦後，統計的品質管理の手法が導入されたが，品質管理の組織的取り組みとして職場内小集団活動のQCサークルが組織された。そのサークルが作業方法や品質管理の改善および生産性向上，コスト削減などに取り組むことによって，企業の生産性の向上，コスト低減に大きな効果を発揮した。昭和30年代後半から，QCサークル活動が全社的品質管理として展開されるようになり，その取り組みは，TQC（全社的品質管理）と呼ばれるようになった。昭和40年代には広く普及して日本の産業の国際競争力を高める重要な一因となった。

Y 理論にもとづいた施策の1つとして，企業では目標管理が導入されている。目標管理は，従業員がそれぞれの職務（仕事）について目標を設定し，その実現に向けて努力し，その結果について自己評価をすることを取り入れた動機づけの仕組みである。

第3に，リッカートは，経営のタイプを専制型，温情型，協議型，参画型の4つに分類し，参画型の経営システムが高い生産性をもたらすことを実証した。リッカートがいう参画型とは，決定への参加のことで，協議への参加とは区別している。

これらの研究は，参加が行動の動機づけとして有効であることを示すことによって，参加の理論的根拠を与えている。

(2) 参加と生産性

参加がなぜ動機づけとなり集団の成果をたかめるかについて，いくつかの理由を指摘することができる。

第1に，参加は，集団の中で自分が認められる重要な機会を与える。自分の存在が認められるとともに，協議や意思決定に加わることによって自分の意見を述べ，意思決定に働きかけることができる。そのために参加者は，主体的に仕事に取り組むようになることが期待できるのである。

第2に，参加をすることによって，人は情報を得ることができる。事前に情報を得たり，情報に含まれる内容を知らされるときには，情報とそこに含まれる価値の共有が行われ，意思決定や命令の内容を理解し，受け入れることが容易になる。

第3に，参加をし合意が形成されることによって，合意内容の遂行に責任が生まれるようになる。参加は，メンバーのコミットメント（関与）を高め，実行を円滑にすると考えられる。

第4に，参加をすると，集団の中の他のメンバーとの良好な関係を保つため，自分勝手な行動をおさえ集団の考えや規則にしたがうように一種の圧力がかかるのである。

こうして参加は，集団あるいは組織の中の個人に，組織目標に沿って行動

することを促す働きをする。したがって，組織では，参加を通した動機づけを行うことがリーダーの重要な仕事となるのである。

参加が現実にどのような効果があるのか，ここで一つの調査結果を紹介しよう。ある職場で，作業方法の変更と生産性に関する調査が行われた。職場集団を3つに分け，それぞれのやり方で作業方法を変更したときに，生産性がどのように変化するか調査した（図5-14）。監督者，職場の従業員の代表者，従業員がいる。

第1のケースは，監督者が単独で作業方法の変更を決定し，作業者にそのことを伝えて変更した場合である（図のaのケース）。

第2のケースは，監督者が職場の代表者と協議したうえで作業方法を変更した場合である（bのケース）。

第3のケースは，監督者が作業者全員と事前に協議を行い，意見を求めたうえで，作業方法を変更した場合である（cのケース）。

その結果，図5-14にみるように，作業方法の変更に当たって，事前に全員と話し合い従業員を協議に参加させた集団がもっとも高い生産性を実現したのである。その理由として考えられるのは，事前の協議への参加が行動に主体性を与え，積極的な行動を引き出すように働いて，生産性の向上にプラスに影響することである。

この調査結果は，参加が動機づけに有効に働くということ，そして動機づ

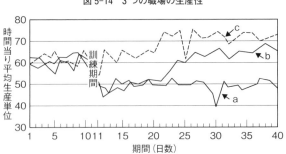

図5-14　3つの職場の生産性

（出所）　松井賚夫『リーダーシップ』1958年。
（出典）　L. Coch & J. R. P. French, Jr. 1948.

5.3 参加とリーダーシップ　　215

けが集団と切り離して考えることができないことを示している。

(3)　集団の機能

　この調査事例のように，参加は個人の動機づけを高めるように働くことが期待できる。したがって，参加を上手に活用できるならば，より大きな仕事意欲と能力を発揮する可能性がある。企業の生産現場においては，参加を取り入れた目標管理や小集団活動はこうした観点から積極的に導入されてきた。

　集団の運動の研究を進めたレヴィンは，リーダーシップの型に関する実験の他に，もう１つの有名な実験を行っている。それは，食習慣の変革に関する実験である。その実験は，これまで習慣のなかった食べ物について，集団への参加によって個人の行動の変革がどのように行われるか調査し集団のもつ意味を明らかにした。

　実験の対象となる人たちに対して，1) 講堂に集めて講義する方法，2) 個別に説得する方法，3) 集団討議により集団で決定する方法，の３つのケースを用いている。それによると，集団討議による意思決定がもっとも効果的で，集団が個人の行動に強い影響をもつことを明らかにした。

　その理由として考えられるのは，次の点である（青井和夫）。第１に，集団討議によって多くの情報が与えられ視野が広くなることである。第２に，集団の中で話をしていることによって新しい知識が身につくことである。第３に，集団討議による決定が実行可能な形で示されることである。第４に，他のメンバーが決定を受け入れ実行することが見えることによって決定の信頼性が高まることである。第５に，集団決定への参加は実行への主体的意欲を高める働きをするのである。第６に，集団決定は個人に対し一種の強制力として作用することである。

　このように，集団への参加は，目標に向けて個人の行動を促す働きがあることが明らかになってきた。集団の中では個人の行動が強められるのである。

(4)　集団の逆機能

　しかし他方で，集団に生ずる次のような逆機能（意図せざる結果）も考慮

しなければ，集団への参加は期待した成果をあげられないだろう。つまり参加に関しては，個人が集団から影響を受けるネガティブな側面も考慮しなければならないのである。

　第1に，集団では個人に対する集団の圧力が存在し，構成員が集団に同調する傾向を強めるのである。集団の同調圧力が強まると，集団の期待あるいは基準からはみ出さないように行動することが見られる。部下は上司の言葉を受動的に受けとめるだけで，仕事を工夫したり意見を述べることを避ける傾向が生まれる。強いワンマン経営者のいる組織や官僚制化した組織では，部下は強い同調圧力を感じ，「言われたとおりにした」とか，「規則だから」という姿勢が強くなり，積極的に自分の考えを述べることをしなくなったり，失敗の責任を取りたがらなくなるだろう。

　第2に，このことは，異質な考えを受け入れる組織の許容度を低め，これまでと違った意見や情報の意味を検討する機会を失うことである。それは，周囲の状況が変わる中で，新しい情報をくみ取ることを否定し，組織を従来の慣行にしたがって動かすことで，思考停止の状態にさせるのである。こうして組織は，新しい重要な情報を入手する機会を失ったり，独創的な個性あるアイデアを抑制することになりやすいのである。

　参加的装置が期待通りには機能しないことはしばしば見られる。例えば，QCサークルをつくって参加を促しても，その活動は次第にマンネリ化して参加の効果が出なくなる可能性がある。また，組織を柔軟にする工夫として，トップと従業員が直接に対話し意見を求める場を設けたにもかかわらず，従業員が独自のアイデアを出すことがなく，結局トップの言葉を聞くことに終わってしまうことがある。わが国の組織でよくある稟議制度についても，意思決定手続きの形式化を強める傾向がある。

　稟議とは，ある案件について，起案を行い，関係者の間に回議し，決済を得るために上申する一連の手続きのことである。稟議制度のもとでは複数の関係者の承認印を得るために回議し，全員の承認が得られたところで決定処理されるのである。そして多くの職場で，意思決定の手続きとしてこの稟議制度が存在している。

5.3 参加とリーダーシップ　　　　　217

　稟議制度の効果は，情報の共有が行われ，合意にもとづいた運営が行われることである。そして決定されたあとは実行が速いことである。しかし，稟議制は合意を得るための手続きと根回しを重視する。根回しのために意思決定に時間がかかり，緊急の問題については意思決定の柔軟性を失うことが多い。また，多くの関係者の了解を得る手続きであるため，了解を得るためには痛みをともなう革新的な議題は出しにくく，革新性を失うことが見られる。集団的承認であるために，責任があいまいになることもある。

　この稟議制度は，参加の一形態としてみなされてきた。しかし，稟議には上申することと上位者による決済をともない，実質的な参加機能はその運営に依存している。形式的な参加であれば動機づけの効果は期待できないし，実質的な参加になれば効果が大きいであろう。

　こうしてみると，人が集団にどのように参加しているかが個人の動機づけや集団の生産性と深く関係し，参加が実現したとしてもそれだけで効果が上がることにはならない。参加は，情報や責任を共有することである。参加が機能するには責任と権限の委譲がともなうものでなければならない。

　参加を機能させるには，第1に，参加するメンバーが，仕事を遂行する能力をもつものとして認められることである。第2に，必要な権限が委譲され責任をともなうことである。第3に，メンバーの協力関係があることである。

　参加が効果をもつには，これらの点が不可欠である。それは，集団が形式的な参加による単なる人の集まりでなく，目標を共有しその実現に協力するまとまりのあるチームとしての力を引き出すことである。参加は，「衆知を集める」（松下幸之助）ことによって，問題の解決に役立つのである。

　参加が実現したにもかかわらず，参加が期待通りに機能しない理由として考えられるのは，裏返していえば，第1に，参加を実現しても意思決定への影響力が間接的である場合がある。第2に，集団圧力が強く，実質的な影響力を行使することができなければ，参加が能力を発揮する機会とはならず，動機づけとして強く働かないことがある。第3に，形式的参加であるとメンバーが感じる場合は，参加は大きな効果を期待できないであろう。第4に，メンバー間の協力関係が形成されず，調整された行動として展開されなけれ

ば，参加は十分な成果を上げないだろう。

5.4 経営者のリーダーシップ

(1) リーダーシップの課題

　職場レベルでの集団への参加は，目標の達成に一定の効果があることがこれまでの研究によって明らかにされてきた。しかしなお，集団には意図しない結果をもたらす逆機能があることも指摘されてきた。

　集団の逆機能から類推できることは，経営者もこの逆機能からは自由ではないということである。経営者は，現在の事業構成，投下された資本や労働力，組織慣行，組織文化など様々な制約の下で意思決定を行なわなければならない。その意思決定や判断は，集団としての性質を有する組織の制約の中でなされるのである。

　このため，日本企業の経営における参加型リーダーシップを考えるにあたって，次の2つの問題を解明することが特に重要である。

　第1に，大規模組織で，階層性を前提とした組織下位レベルによる上位レベルの決定への参加の仕組みをどのようにつくり，どのようにリーダーシップを機能させるか明らかにすることである。組織の階層間にまたがる垂直的参加は，職場レベルでの作業目標や手順の決定への参加とちがって，経営決定への間接的参加であることが多い。また，下から上への影響力は命令や指示の形をとることがない。

　わが国組織の意思決定の特徴は，下からの決定を意味するボトムアップであるとしばしば指摘される。しかし，決定という点から考えたとき，文字通りのボトムアップの意思決定は，今日の大企業のように組織が大きくなり階層数が増えるにつれて困難になる。したがって，参加をもとにしたリーダーシップシステムをいかに確立することができるか，参加を実効あるものにするためにも，リーダーシップを適切に機能させるためにも明らかにすることが必要である。

5.4 経営者のリーダーシップ 219

第2に，トップが集団的に意思決定を行うとき，組織の中でのその意思決定をいかにして機能するようにするかである。事業の目標や進むべき方向を選択する戦略的意思決定は，①不確実性が高い，②目標・価値の対立がある，③権力争いが生まれやすい，④集団全体あるいは社会からの影響を受ける，などの特徴がある。

そのため，目的の合意がなかったり役割構造があいまいな状況では，トップマネジメントレベルでの集団的な意思決定は，意思決定に時間がかかったり，痛みをともなう革新を避け，意思決定の革新性と弾力性を失う可能性が高くなる。あるいは逆に，特定の個人に権限が集中し，合理的でない恣意的な決定が行われる組織になりやすい。

つまり経営者は，集団あるいは組織の逆機能の制約からどれだけ自由になり，妥当性のある意思決定を行うことができるか問われる。リーダー行動の妥当性と責任を客観的に評価できるようにすることが求められる。

ところが，職場集団での参加の有効性は，目的や価値の大きな対立が少ない小規模な日常的活動であること，組織の中間管理者のリーダー行動であること，などの前提の下で明らかにされてきた。そのため，その有効性はそのままでは組織のトップレベルでのリーダーシップと参加的意思決定の有効性を証明するものではない。

その意味で，ボトムアップの参加が機能するリーダーシップの仕組みはいかなるものか，明らかにすることが求められる。

(2) 制度的リーダーシツプ論

狭義のリーダーシップ研究が，職場レベルでの中間管理者のリーダーシップに限定される傾向があったことを述べた。他方で，組織全体の進むべき方向や目標の決定のような組織の存続にかかわるリーダーシップ研究が不足していた。そこで，リーダーシップの本来の機能である組織全体を導いたり，変革するリーダーシップが分析されるようになった。

組織の環境が急速に変化する中で，組織のあり方を変え，方向づけをすることができなければ，組織の存続そのものが困難になるからである。経営者

としてのリーダーの基本的役割は，進むべき方向について戦略を決定し，それを実現するように企業組織を管理することである。そのためには，組織メンバーに新しい目標やビジョンを示し，組織メンバーの行動や組織文化そのものを強めたり革新していくことが必要である。

この点に関して P. セルズニックは，トップマネジメントに焦点をおいた組織全体のリーダーシップ論を早くから展開してきた。

セルズニックは，目的に対する手段としての組織に，価値が注入され構成員の強いコミットメントがあるときに，単なる機械的な組織ではなく生きた存在としてとらえ，それを制度と呼んでいる。つまり，セルズニックのいう制度とは，生きた組織と理解することができる。そして，リーダーの役割は，組織に価値を注入すること，つまり価値を制度化することである，とセルズニックは考えた。それには具体的にいえば，次の４つの側面がある。

第１に，構成員が共感をもって広範にかかわることができるように使命（あるいは理念）をかかげ，その社会的役割を設定することである。それは組織の進むべき方向を示し，メンバーに目標を明示的に示すことである。

第２に，目的の体現である。使命や目的が組織の中で行動や機構として具体化されることである。

第３に，制度の一貫性を保つことである。様々な業務活動からなる事業は，それが統一的に一貫性をもって遂行されることが必要である。そのためには，価値・目標，評価基準などについて整合的に一貫性を保つようにリーダーシップを発揮することが欠かせないのである。

第４に，内部葛藤の整理である。多くの人がいる企業の中では様々な考えがある。それを整理し対立を解決しなければならない。

こうして制度的なリーダーである経営者は，機械的な組織に価値・目標を吹き込んで生きたものとし，その進むべき方向を定め，組織の存続を図ることに主要な役割がある。共感できる目標やビジョンを示すこと，そして，それを実現する仕組みをつくるべくリーダーシップを発揮することが，経営者の基本的役割といえる。

参考文献

第1章

安藤良雄編『近代日本経済史』第2版，東京大学出版会，1979年。

伊丹敬之・加護野忠男『ゼミナール経営学入門』日本経済新聞社，1989年，第3版，
　　　2003年。

占部都美『企業形態論』白桃書房，1968年。

大塚久雄『株式会社発生史論』大塚久雄著作集第一巻，岩波書店，1969年。

坂下昭宣『経営学への招待』白桃書房，1992年。

高村直助『会社の誕生』吉川弘文館，1996年。

東北大学経営学グループ『ケースで学ぶ経営学』有斐閣，1998年。

古川栄一『経営学通論』五訂版，同文舘，1989年。

第2章

金原達夫『改訂環境経営入門』創成社，2017年。

日本経済新聞社編『ゼミナール日本経済入門』日本経済新聞社，1985年。

吉原英樹『国際経営』有斐閣，1997年，新版，2001年。

Brown, L. R. et al., *State of the World,* W. W. Norton & Company, 1996.（浜中裕徳監訳
　　　『地球白書1996』ダイヤモンド社，1996年。）

World Bank, *World Bank Indicator,* World Bank, 1997.

第3章

J. C. アベグレン監修・ボストンコンサルティンググループ編著『企業成長の論理』東洋
　　　経済新報社，1970年。

石井淳蔵・奥村博昭・加護野忠男・野中郁次郎『経営戦略論（新版）』有斐閣，1996年。

伊丹敬之『新・経営戦略の論理』日本経済新聞社，1984年。

人滝精一・金井一頼・山田英夫・岩田智『経営戦略』有斐閣，1997年。

加護野忠男・野中郁次郎・榊原清則・奥村博昭『日米企業の経営比較』日本経済新聞社，
　　　1983年。

清成忠男・中村秀一郎・平尾光司『ベンチャー・ビジネス』日本経済新聞社，1971年。

瀧澤菊太郎『現代中小企業論』日本放送出版協会，1992年。

吉原英樹・佐久間昭光・伊丹敬之・加護野忠男『日本企業の多角化戦略』日本経済新聞
　　　社，1981年。

Aaker, D. A., *Strategic Market Management,* John Wiley & Sons, 1984.（野中郁次郎・北洞
　　　忠宏・嶋口充輝・石井淳蔵訳『戦略市場経営』ダイヤモンド社，1986年。）

Abell, D. F. and J. S. Hammond, *Strategic Market Planning*, Prentice-Hall, 1979.（片岡一郎・古川公成・滝沢茂・嶋口充輝・和田充夫訳）『戦略市場計画』ダイヤモンド社，1982年。）

Ansoff, H. I., *Corporate Strategy*, McGraw-Hill, 1965.（広田寿亮訳『企業戦略論』産能大学出版部，1969年。）

Hall, W. K., "Survival strategies in a hostile environment", *Harvard Business Review*, Sept.-Oct. 1980.（「8業種にみる逆境下の生き残り戦略」『ダイヤモンド・ハーバード・ビジネス』1-2月号，1981年。）

Hamel, G. and C. K. Prahalad, *Competing for the Future*, Harvard Business School Press, 1994.（一條和生訳『コア・コンピタンス経営』日本経済新聞社，1995年。）

Hofer, C. W., and D. Schendel, *Strategy Formulation : Analytical Concepts*, West Publishing, 1978.（奥村昭博・榊原清則・野中郁次郎訳『戦略策定』千倉書房，1981年。）

Kotler, P., *Principles of Marketing*, Prentice Hall, 1980.（村田昭治監修，和田充夫・上原征彦訳『マーケティング原理』ダイヤモンド社，1983年。）

Miles, R. E., and C. C. Snow, *Organizational Strategy, Structure, and Process*, McGraw-Hill, 1978.（土屋守章・内野崇・中野工訳『戦略型経営』ダイヤモンド社，1983年。）

Mintzberg, H., "Five Ps for Strategy", *California Management Review*, Fall 1987.

Penrose, E. T., *The Theory of the Growth of the Firm*, Basil Blackwell, 1959.（末松玄六訳『会社成長の理論』第2版，ダイヤモンド社，1980年。）

Porter, M. E., *Competitive Strategy : Techniques for Analyzing Industries and Competitors*, The Free Press, 1980.（土岐坤・中辻萬治・服部照夫訳『競争の戦略』ダイヤモンド社，1982年。）

Porter, M. E., *Competitive Advantage : Creating and Sustaining Superior Performance*, The Free Press, 1985.（土岐坤・中辻萬治・小野寺武夫訳『競争優位の戦略』ダイヤモンド社，1985年。）

Porter, M. E., "What is strategy?", *Harvard Business Review*, Nov.-Dec. 1996.（「戦略の本質」『ダイヤモンド・ハーバード・ビジネス』1997年2-3月号。）

Rumelt, R. P., Strategy, Structure and Economic Performance, *Harvard Business School*, 1974.（鳥羽欽一郎・山田正喜子・川辺信雄・熊沢孝訳『多角化戦略と経済成果』東洋経済新報社，1977年。）

Schumpeter, J. A., *Theorie der Wirtschaftliche Entwicklung*, 1926.（塩野谷祐一・中山伊知郎・東畑清一訳『経済発展の理論』岩波書店，1937年。）

第4章

梅澤正『企業文化の革新と創造』有斐閣，1990年。

金井壽宏『経営組織』日本経済新聞社，1999年。

桑田耕太郎・田尾雅夫『組織論』有斐閣，1998年。

野中郁次郎『経営管理』日本経済新聞社，1980年。

林周二『経営と文化』中央公論新社，1984年。

参考文献　　223

松下幸之助『実践経営学』PHP 研究所，1978 年。

三戸公・正木久司・晴山英夫『大企業における所有と支配』未来社，1973 年。

Barnard, C. I., *The Functions of the Executive,* Harvard University Press, 1938.（山本安次郎・田杉競・飯野春樹訳『新訳・経営者の役割』ダイヤモンド社，1968 年。）

Chandler, A. D. Jr., *Strategy and Structure,* The MIT Press, 1962.（三菱経済研究所訳『経営戦略と組織』実業之日本社，1967 年。）

Fayol, H., *Administration industrielle et générale,* Dunod, 1917.（佐々木恒男訳『産業ならびに一般の管理』未来社，1972 年。）

Hayes, R. H., and G. P. Pisano, "Beyond World Class : The New Manufacturing Strategy", *Harvard Business Review,* Jan.-Feb. 1990.

March, J. G., and H. A. Simon, *Organizations,* John Wiley & Sons, 1958.（土屋守章訳『オーガニゼーションズ』ダイヤモンド社，1977 年。）

Peters, T. J. and R. H. Waterman, *In Search of Excellence,* Harper and Row, 1982.（大前研一訳『エクセレント・カンパニー』講談社，1983 年。）

第5章

青井和夫『小集団の社会学』東京大学出版会，1980 年。

田尾雅夫『モチベーション入門』日本経済新聞社，1998 年。

松井資夫『リーダーシップ』ダイヤモンド社，1958 年。

三隅二不二他「組織におけるリーダーシップの研究」『年報社会心理学』11,1970 年。

二村敏子編『組織の中の人間行動』有斐閣，1982 年。

Hersey, P. and K. H. Blanchard, *Management of Organizational Behavior,* third edition, Prentice-Hall, 1977.（山本成二・水野基・成田攻訳『行動科学の展開』日本生産性本部，1978 年。）

Herzberg, F., *Work and the Nature of Man,* Thomas Y. Crowell Co., 1966.（北野利信訳『仕事と人間性』東洋経済新報社，1968 年。）

McGregor, D., *The Human Side of Enterprise,* McGraw-Hill, 1960.（高橋達男訳『企業の人間的側面』新版，産業能率短期大学出版部，1970 年。）

Maslow, A. H., *Motivation and Personality,* Harper and Row, 1954（小口忠彦監訳『人間性の心理学』産業能率短期大学出版部，1971 年。）

Selznick, P., *Leadership in Administration,* Harper and Row.（北野利信訳『組織とリーダーシップ』ダイヤモンド社，1963 年。）

索　引

事項索引

ア行

ISO　38,131
一般環境　22,23
インセンティブ　199
エクセレント・カンパニー　160
SL 理論　209
SBU　82,157
X 理論　192
M&A　66
円高　34
OEM　73
オハイオ研究　204
OJT（オン・ザ・ジョブ・トレーニング）
　　172

カ行

海外直接投資　31
会社
　　——機関の成立　16
　　——の種類　11
　　——の歴史　7
科学的管理法　125
課業管理の原則　126
革新　110
価値連鎖　88
株式会社　12,13
　　——の発達　9
　　——の問題点　18

　　——の利点　17
株式の相互持合い　179
カリスマ　133
為替レート　33
環境保護　35
カンパニー制　156
かんばん方式　175
管理原則　130
　　——論　130
官僚制
　　——の意味　134
　　——の逆機能　135
　　——の特徴　133
関連分野型多角化　61
機械的組織　142
企業
　　——家　51
　　——経営の課題　1,6
　　——形態　10
　　——統治　177
　　——別組合　171
期待理論　196
規模の経済　68
QC サークル　212
競争　84,95
　　——戦略　84
　　——戦略の適用　91
　　——のルール　43
　　——要因　95
協働システム　145

索　引　225

経営
　　——戦略　44
　　——資源　64
　　——者支配　179
　　——の意味　5
　　——理論の発展　20
経験曲線　68
　　——の適用　71
経験効果　70
　　——の源泉　71
経済人　121
コア・コンピテンス　49
公企業　10
合資会社　7,11
公式組織　139
行動理論　203
公平理論　195
合同会社　12
合名会社　8,11
高齢化　27
国際化の理由　31
国産寿命　56
コーポレート・ガバナンス　177
コスト・リーダーシップ戦略　48,86
コンティンジェンシー理論　141,208
コンメンダ　8

サ行

差別化　48,91
　　——戦略　88
3R　37
参加　211
　　——的経営　194
　　——の効果　214
産業構造　24
参入障壁　93

CI（コーポレート・アイデンティティ）
　　166
GE モデル　78
私企業　10
事業部制組織　152
資源ベース論　49
自己
　　——実現人　122
　　——実現欲求　189
資質理論　202
市場　85
　　——経済　42
　　——細分化　91
　　——シェア　93
持続的成長　105
シナジー効果　61
資本
　　——集中の仕組み　15
　　——の証券化　14
社会
　　——人　122
　　——的責任　18
　　——的分業　118
　　——的欲求　188
社内ベンチャー　157
ジャスト・イン・タイム生産方式　175
終身雇用　167
集団の逆機能　215
集中戦略　48,88
収斂　173
循環型経済　35
純粋持株会社　183
準則主義　12
少子高齢化　28
職能別組織　150
所有と経営の分離　177

人口構造 27
SWOT 分析 80
すき間市場 88
成長戦略論 47
制度的アプローチ 168
製品
　——差別化 87
　——ライフサイクル 51
　——ライフサイクルの短縮化 55
制約された合理性 145
ゼロ・エミッション 37
戦略
　——事業単位（SBU） 82,157
　——的経営 80
　——の意味 44
　——の内容 45
　——論の発展 47
創造的破壊 111
ソキエタス 8
組織
　——構造 123,147
　——設計の目的 148
　——の意味 119
　——の発展段階 149
　——文化 161
　——文化の構成要素 162
　——文化の変革 163

タ行

大企業優位論 113
多角化
　——からの撤退 64
　——と業績の関係 63
　——の意味 60
　——のタイプ 61
　——の適用 65

——の理由 59
地球サミット 39
中小企業の定義 98
動機づけ—衛生理論 189
動機づけ要因 191
特定環境 23

ナ行

内部開発 66
日米企業組織 173
ニッチ 88
日本的経営 168
人間関係論 137
人間モデル 121
ネットワーク組織 158
年功序列制 168,171

ハ行

買収 66
非関連分野型多角化 61
非公式組織 139
BCG モデル 75
PIMS 94
PM 理論 206
PPM 理論の適用 83
プロジェクト組織 155
プロセス戦略論 48
プロダクト・ポートフォリオ・マネジメント（PPM） 75
文化的アプローチ 167
分業 127
分社化 156
変革型リーダーシップ 211
ベンチャー企業 108
　——キャピタル 109
　——の失敗要因 109

索　引　　　227

ホーソン実験　137
ポジション　103
本業中心型多角化　61

マ行

マトリックス組織　155
マネジメントサイクル　131
マネジリアル・グリッド　204
見えざる資産　49
未利用資源　49
目標管理　194
持株会社　183
モティベーション（動機づけ）　185
モティベーション理論　186

ヤ行

誘因（インセンティブ）　198
有機的組織　142
有限会社　11
有限責任制　14
欲求　186
　　──階層説　187

ラ・ワ行

リーダーシップ　200
　　──・スタイル　203
リサイクル　37
稟議制度　216
労働組合　171
Y理論　192

人名・会社名索引

ア行

アダム・スミス　121,127
アンゾフ　47,59
飯田　亮　107
伊丹敬之　49
伊丹敬之＝加護野忠男　43,162
ウェーバー　133
占部都美　178

カ行

花王　62
キヤノン　55,67

サ行

サイモン　120,144
シュンペーター　110
新日本製鉄　17,26,180
鈴木敏文　173
セコム　107
ゼネラル・モーターズ　92,152
セルズニック　220
ソニー　97

タ行

滝沢菊太郎　100
チャンドラー　11,47
テイラー　125

ハ行

ハーシー＝ブランチャード　209
ハーズバーグ　189
バーナード　120,144
バーリ＝ミーンズ　178
ハメル＝プラハラッド　49

228　　　　　　　　　　索　引

ピーターズ゠ウォーターマン　160
ファヨール　130
フォード　126
富士通　169
ブレーク゠ムートン　205
古川栄一　10
ペンローズ　102
ボストン・コンサルティング・グループ
　　69
本田技研工業　4
本田宗一郎　4
ポーター　48,86

マ行

マイルズ゠スノー　143

マグレガー　192
マズロー　187
松下幸之助　100,217
松下電器　31,180
マツダ　180
ミンツバーグ　45,128
明治製菓　63
メイヨー　138

ラ行

ラーナー　178
ルメルト　60
レヴィン　212
ローラー　198

著者略歴

金原　達夫（きんぱら　たつお）

1946 年	静岡県に生まれる
1975 年	神戸大学大学院経営学研究科博士課程修了
1988 年	広島大学経済学部教授
1988-89 年	マラヤ大学客員教授
1994 年	広島大学大学院国際協力研究科教授
2004-2017 年	カセサート大学客員教授
2009-2017 年	広島修道大学教授
	広島大学名誉教授
	博士（経営学）

主要著書

『環境経営のグローバル展開』（共著）白桃書房，2015（環境経営学会学会賞）

『環境経営の日米比較』（共著）中央経済社，2011

『成長企業の技術開発分析』文眞堂，1996（中小企業研究奨励賞準賞）

『大島紬織物業の研究』多賀出版，1985

やさしい経営学

2000 年 10 月 1 日	第 1 版第 1 刷発行	検印省略
2003 年 9 月 20 日	第 2 版第 1 刷発行	
2006 年 9 月 20 日	第 3 版第 1 刷発行	
2013 年 3 月 20 日	第 4 版第 1 刷発行	
2019 年 9 月 10 日	第 5 版第 1 刷発行	
2025 年 4 月 10 日	第 5 版第 5 刷発行	

著　者　金　原　達　夫

発行者　前　野　　　隆

東京都新宿区早稲田鶴巻町 533

発行所　株式会社　文　眞　堂

電話 03（3202）8480

FAX 03（3203）2638

https://www.bunshin-do.co.jp/

郵便番号（162-0041） 振替 00120-2-96437

製作・真興社

© 2019

定価はカバー裏に表示してあります

ISBN978-4-8309-5031-5 C3034